Nicole Aigner

Die Cinderella-Strategie

Nicole Aigner

Die Cinderella Strategie

Die 7 Schlüssel zum Liebesglück

GOLDEGG VERLAG

Der Verlag und seine Autorin sind für Reaktionen, Hinweise oder Meinungen dankbar. Bitte wenden Sie sich an: verlag@goldegg-verlag.com

ISBN Print: 978-3-901880-99-5

Mommsengasse 4/2 • A-1040 Wien
Telefon: +43 (0) 1 5054376-0
E-Mail: office@goldegg-verlag.com
http://www.goldegg-verlag.com
Herstellung: Goldegg Verlag GmbH
Druck: CPI Moravia Books

Für meinen Mann, den Prinzen, der mir
den gläsernen Schuh gebracht hat.
Unsere schlimmsten Zeiten zu zweit sind
schöner als meine besten Zeiten alleine waren.
Ich liebe dich!

Für meine kleine Prinzessin
und meinen kleinen Prinzen:
Lili und Benjamin

Für meine Eltern, die seit 36 Jahren verheiratet sind
und ihr Eheversprechen dieses Jahr in einer
kleinen Kapelle in Las Vegas erneuern werden.
Das ist wahre Romantik!

Für meine Großeltern, die bereits seit 60 Jahren
in Liebe und Treue vereint sind.

Für meine Freundinnen Petra und Lexi,
die immer an die Liebe glauben.
Mit euch hat mir die Suche nach dem
Prinzen großen Spaß gemacht.
Danke für alles!

Vorwort

Es war einmal ein junges Mädchen, das lebte mit seinem Vater, seiner Stiefmutter und seinen Stiefschwestern in einem herrschaftlichen Haus. Seine Mutter war gestorben und die Stiefmutter und die Stiefschwestern waren böse zu ihm und behandelten es schlecht. Doch das Mädchen fand einen Weg, sich zu befreien.

Die Geschichte vom Aschenputtel, das sich in Lumpen hüllen und hart arbeiten muss, während seine Stiefschwestern Reichtum und Luxus genießen, ist um die ganze Welt gegangen.

Ganz gleich, ob Aschenputtel oder Cinderella, das Märchen bewegt die Herzen und gibt gleichzeitig ein Versprechen: Auch wenn uns das Leben manchmal vor harte Prüfungen stellt, ein Happy End ist trotzdem möglich! Selbst unter widrigen Umständen kann es gelingen, sein ganz persönliches Glück zu finden.

Auch Cinderella hat nicht aufgegeben. Zielstrebig kämpfte sie, um auf den großen Ball des Königs gehen zu dürfen. Doch letztendlich war es die gute Fee, die ihr den Weg ins Glück bescherte. Die bösen Stiefschwestern hatten Cinderellas Kleid vor Wut zerfetzt, um ihren Besuch auf dem Ball zu verhindern. Sie waren eifersüchtig auf Cinderellas Schönheit und Eleganz und fürchteten, dass ihr Licht neben Cinderellas Strahlen verblassen würde. Die Fee allerdings verwandelte Cinderella in eine prunkvolle Prinzessin mit einem prachtvollen Kleid – und somit konnte sie doch noch in letzter Minute zu dem großen Ereignis gehen.

Das ist der Inhalt des bekanntesten Märchens unserer Zeit: Cinderella oder Aschenputtel. Das Märchen vom Aschenputtel ist in zahlreichen Variationen über die ganze Welt verbreitet, von Europa und vom Orient bis nach Indien und Japan. Ein Märchen, das wir als Kind mit Spannung verfolgt haben – denn was gibt es Schöneres, als in die magische Welt der Märchen einzutauchen?

Cinderella, Dornröschen, Rapunzel und Schneewittchen waren die Heldinnen unserer Kindheit, mit denen wir bangten, liebten und kämpften. Bereits als Mädchen wünschten wir uns, Prinzessinnen zu sein und wie Cinderella mit dem Traumprinzen glücklich zu werden. Wir konnten uns mit den Märchenfiguren identifizieren und mit ihnen träumen. Viele dieser Ideale begleiten uns bis ins Erwachsenenalter, schließlich spiegeln sich in den Märchen unsere innersten Sehnsüchte.

Leider haben wir heute die Idole von einst aus den Augen verloren. Schade eigentlich. Für Kinder sind Märchen eine Vorbereitung auf das Leben als Erwachsener, und während wir als Kinder meist noch in einer behüteten Welt lebten, sind wir als Erwachsene mitten im Leben, müssen Entscheidungen treffen und Probleme bewältigen. Doch unsere Realität hat meist mehr mit Märchen gemeinsam, als wir auf den ersten Blick glauben würden. Und: Wir können von Märchen lernen!

Die Psychologin Lauren Slater hat die tröstliche Wirkung von Märchen für Erwachsene erkannt und betont, wie wichtig magische Geschichten und alte Mythen sind, um Alltagsängste und Konflikte zu bewältigen. Auch Erwachsene brauchen Illusionen und Märchen. Und während wir als Kinder von den alten Sagen nur träumen, können wir uns als Erwachsene unser ganz persönliches Märchen erfüllen. Wir verlieren die Träume unserer Kindheit heute oft aus den Augen, unsere Sehnsüchte bleiben allerdings bestehen.

Genau hier setzt dieses Buch mit einer gezielten Strategie an: Sehnsüchte sind dazu da, damit wir sie uns erfüllen. Träume können wahr werden und Liebe findet ihren

Weg! Wie im Märchen bedarf es dazu oft ein bisschen Magie. Helfen Sie Ihrem Glück mit diesem Buch ganz gezielt auf die Sprünge und holen Sie sich die besten Tipps dafür direkt aus dem Märchen. Cinderella findet in der guten Fee eine magische Hilfe zum Glück. Auch im realen Leben kann es nicht schaden, sich Hilfe zu holen, wenn die Liebe auf sich warten lässt.

Die Liebe ist unser größtes Abenteuer: Sie birgt unsere größten Sehnsüchte, mit ihr erfahren wir unsere tiefsten Gefühle, unser höchstes Glück, aber auch die bittersten Enttäuschungen. Wir erhoffen uns den Märchenprinzen und küssen in der Realität doch immer wieder auch Frösche, fallen auf leere Versprechungen und Blender herein. Vermutlich werden Sie sich in den zahlreichen wirklich erlebten Geschichten, die ich Ihnen hier erzähle, immer wieder auch selbst entdecken.

Um die Liebe und wie man in ihr Erfüllung findet, geht es in diesem Buch. Entdecken Sie die Parallelen der Märchenwelt zu Ihrem täglichen Leben und nützen Sie die Geheimnisse der Märchenprinzessin für Ihre Eroberungen. Erfahren Sie, wie Sie mit Traumprinzen, falschen Prinzen und Fröschen umgehen, damit sich Ihre Hoffnungen erfüllen. Lesen Sie in den folgenden sieben Schlüsseln zum Glück, wie Sie Ihr ganz persönliches Happy End auf dem schnellsten Weg finden und auch danach noch „happy ohne Ende“ bleiben können.

Sieben Kapitel führen Sie also durch Ihr Liebesmärchen. Die magische Zahl 7 soll dabei Ihr ganz persönlicher Glücksbringer sein. Gleich, ob wir von den Sieben Zwergen, sieben Wochentagen oder Sieben Weltwundern sprechen, die Zahl 7 hat eine magische Kraft.

Öffnen Sie also mit diesem Buch Ihren Weg zum Glück – in sieben magischen Schlüsseln. Der Schlüssel steht als Symbol dafür, dass sich neue Türen öffnen und sogar ganz neue Welten erschließen können. Und Märchen gelten seit jeher als Schlüssel zur Seele des Menschen.

Dieses Buch soll Ihnen auch in realen Alltagsgeschichten zeigen, dass Märchen wahr werden können. Es soll Sie dabei unterstützen, sich ein bisschen Zauber und Magie in Ihr Leben zu holen und Ihren Märchenprinzen zu entdecken. Die sieben Schlüssel zum Glück verraten die Geheimnisse aus der Schatzkiste der Märchen. Finden Sie sich selbst darin wieder, haben Sie Spaß dabei und noch wichtiger: Entdecken Sie Ihr ganz persönliches Glück!

Ihre *Nicole Aigner*

Inhaltsverzeichnis

Der erste Schlüssel zum Glück

**Seien Sie eine Prinzessin!
Wer sich königlich benimmt,
wird auch so behandelt**

Und Cinderella betrat königlich den Ballsaal. Sie war so wunderschön, dass sich alle Blicke auf sie richteten.

Denken Sie einmal an Ihre Kinderzeit zurück. Ein gemütlicher Abend, Sie liegen eingekuschelt im Bett und Ihre Oma liest aus dem Märchenbuch vor. Sicher haben auch Sie sich mit den Heldeninnen oder Helden im Märchen identifiziert und Ihre Träumereien genossen.

Und wie sieht es heute aus? Hat Ihr Leben etwas Märchenhaftes? Wurden Ihre Erwartungen aus den Kindertagen erfüllt? Und wie viel haben Sie mit den Idolen aus Ihrer Kindheit heute gemeinsam?

Im Leben ist es nicht immer leicht, den richtigen Weg zu finden. Aber auch im Märchen, das aufgrund seines tröstlichen Ausgangs immer idealisiert wird, müssen die Helden gegen widrige Umstände kämpfen, um ihr Glück zu finden. In den Märchen geht es immer um das Überleben des Bedrohten, den Aufstieg des Verachteten, um die Balance von Männlichem und Weiblichem, ums Festhalten und ums Loslassen-Können. Doch letztendlich finden die Heldinnen und Helden ihr Glück.

Schneewittchen etwa musste in einen vergifteten Apfel beißen und Dornröschen verfiel in einen hundertjährigen Schlaf, bevor sie ihren Prinzen in die Arme schließen konnte. Doch trotz aller Widrigkeiten gelang den Heldinnen im Märchen letztendlich der Weg ins Glück. Und das ist genau das, was auch wir wollen. Das ist der Grund, warum wir Märchen lieben! Wir sehnen uns auch im realen Leben nach einem tröstlichen Ausgang und einem Happy End.

Mit dem Rollenbild der Prinzessinnen haben wir als Erwachsene manchmal allerdings so unsere Probleme. Als Kind konnten wir uns noch leicht mit den Märchenprinzessinnen identifizieren, doch heute sehen wir das anders. Wir Frauen haben jahrelang für die Emanzipation gekämpft und wollen nicht auf ein scheinbar schwaches Prinzessinnenbild reduziert werden. Doch die eigentliche Frage ist, ob das eine das andere überhaupt ausschließt. Können wir Prinzessin sein und gleichzeitig die Emanzipation leben?

Die Antwort ist Ja. Eine prominente Kaiserin hat dies bereits in der Vergangenheit bewiesen: Kaiserin Elisabeth von Österreich, die von 1837 bis 1898 lebte, war eine der ersten Begründerinnen der Emanzipation. Gegen alle Kritikerstimmen hinweg war Elisabeth eine der gebildetsten und interessantesten Frauen ihrer Zeit. Sie entfloh den höfischen Zwängen und war nicht bereit, sich wortlos unterzuordnen. Stattdessen war sie monatelang auf Reisen, lernte Sprachen und trieb Sport.

Dennoch mangelte es der Kaiserin nicht an weiblicher Größe – und gerade das ist auch der entscheidende Punkt. Wir sollten auch heute die Emanzipation zu unserem Vorteil nutzen, nicht zu unserem Nachteil. Auch die Publizistin und Analystin Hildegunde Wöller beschreibt in ihrer Analyse zum Märchen „Aschenputtel" die Frauen von heute. Sie behauptet, dass bei Frauen, die die männliche Überlegenheit verteidigen und sich mit großem Nachdruck männliche Wertmaßstäbe und Denkkategorien zu eigen machen, auch immer mangelnde Selbstliebe und eine Verachtung des Weiblichen im Spiel ist.

Die Emanzipation ist die größte Errungenschaft der Frauen unserer Zeit, und darauf dürfen wir stolz sein. Allerdings müssen wir aufpassen, dass wir heute nicht zwangsläufig männliche Verhaltensmuster übernehmen. Natürlich muss eine Frau von heute auch Mut, Durchsetzungskraft und sogar Kampfgeist zeigen. Die Frage ist nur, ob es nicht auch einen weiblichen Mut, eine weibliche Durchsetzungskraft und einen weiblichen Kampfgeist geben kann anstatt der bekannten männlichen Muster. Das ist möglich, wenn die weiblichen Eigenschaften entwickelt und nicht nur männliche Eigenschaften nachgeahmt werden; wenn also jede Frau ihre weiblichen Stärken erkennt und in die Männerdomäne einbringt.

Die Unterschiede zwischen Frau und Mann können wir uns zunutze machen. Haben wir wirklich heute alle weiblichen Tricks verlernt, nur weil wir Autoreifen wechseln und einen kaputten Sessel reparieren können? Ich glaube nicht. Wir haben weiblichen Mut, weibliche Durchsetzungskraft und weiblichen Kampfgeist!

Wenn wir uns wieder auf das Märchen von Cinderella besinnen, sehen wir auch, dass die Heldin aus dem Märchen genauso einem starken Frauenbild entspricht, ohne auf ihre eigene Weiblichkeit zu verzichten. Denn überlegen wir doch einmal: Cinderella ist durchaus selbstbewusst und emanzipiert! Sie hat es immerhin geschafft, sich ihrer Stiefmutter und den Stiefschwestern zu widersetzen; gemeinsam mit Verbündeten schafft sie es, heimlich als strahlende Schönheit auf den großen Ball zu kommen, wo sie der Prinz erst bemerken konnte. Das zeugt von einer starken, aktiven Persönlichkeit. Sicher wird Cinderella am Ende vom Prinzen gerettet, aber andererseits rettet sie auch sein Leben. Denn was würde er wohl ohne sie tun?

Frauen wollen heute in erster Linie ein selbstverantwortliches Leben führen. Die Rettung durch einen Mann widerspricht scheinbar dem modernen, emanzipierten Frauenbild. Single-Frauen sind stolz darauf, dass sie alles alleine schaffen und brauchen keinen Mann zum Glück. Natürlich nicht, denn Glück hat viele Gesichter! Schneewittchen ist auch mit den Zwergen glücklich und träumt trotzdem von der Liebe des Prinzen.

Natürlich sind Sie auch ohne Partner glücklich, aber mal ehrlich: Zu zweit wäre das Leben noch schöner, meinen Sie nicht? Wer mir jetzt allzu schnell widerspricht, sollte lieber noch einmal in sich hineinhören. Natürlich wünschen Sie sich eine Beziehung, warum hätten Sie sonst dieses Buch gekauft?

Der erste Schlüssel zum Glück liegt nach der Cinderella-Strategie näher, als man vermuten würde: Seien Sie eine Prinzessin! Denn wer sich königlich benimmt, wird auch so behandelt.

Wie viel Prinzessin steckt wirklich in Ihnen? Während Sie sich als kleines Mädchen vielleicht mit Krone und Spitzenkostüm verkleidet haben, brauchen Sie das heute nicht mehr, um sich königlich fühlen zu können. Es geht viel leichter! Beginnen Sie zunächst einmal damit, mit aufrechter Haltung durchs Leben zu gehen. Manche Menschen haben sich bereits eine leicht gebeugte Haltung angewöhnt. Viel schöner und selbstbewusster treten wir jedoch auf, wenn wir mehr auf unsere Haltung achten.

Auch verkleiden müssen wir uns heute nicht mehr, aber wir dürfen Wert auf unser Äußeres legen. Probieren Sie einmal etwas Neues aus! Ein neues Make-up, ein neues Outfit oder ein paar tolle Accessoires. Wer sich Mühe mit sich selbst und seinem Äußeren gibt, wird sich wie eine Prinzessin fühlen. Wichtig ist, dass Sie sich schön fühlen – und dazu gehört nicht unbedingt ein perfektes Äußeres.

Der ultimative Ratgeber „Wahnsinnig schön. Schönheit, Jugendwahn und Körperkult“ empfiehlt auch die Investition in die Gesundheit. Wenn Sie in Ihre Gesundheit investieren, liegen Sie richtig, denn Ihre Gesundheit geht Hand in Hand mit jugendlichem Aussehen und Attraktivität. Treiben Sie Sport, werfen Sie einen Blick auf Ihren Speiseplan. Eine gute und ausgewogene Ernährung spielt für das Wohlbefinden und für die Attraktivität eine bedeutende Rolle.

Schönheit kann man nicht kaufen und sie wie ein neues Kleid überstreifen; wir müssen uns gut fühlen, um dem

Bild der Märchenprinzessin zu entsprechen. Die Attraktivitätsforschung besagt, dass schönen Menschen viele Dinge leichter fallen. Doch Fakt ist: Schönheit alleine macht nicht glücklich. Und grundsätzlich gilt: Schönheit liegt im Auge des Betrachters. Auch die Attraktivitätsforschung räumt ein, dass sogenannte „Durchschnittsmenschen" oft beliebter sein können als die „Perfekten".

Also sehen Sie in den Spiegel und finden Sie sich schön, wie Sie sind! Sie sind perfekt, auch wenn Sie sich manchmal nicht so fühlen. Jeder Mensch ist ein Meisterwerk. Und das Wichtigste ist: Achten Sie auf Ihre Ausstrahlung. Denn auch im Märchen sehen wir die negative Seite von Schönheit, wenn wir etwa an die böse Königin aus dem Märchen Schneewittchen denken. „Spieglein, Spieglein an der Wand, wer ist die Schönste im ganzen Land?" Obwohl die Königin wunderschön ist, wird sie ohne Weiteres von Schneewittchens Liebreiz in den Schatten gestellt.

Ist es wirklich so wichtig, wie schön man ist? Auch bekannte Topmodels, die „Prinzessinnen unserer Zeit", stehen nicht als reines Symbol für Glück. Denken wir nur an Kate Moss oder Naomi Campbell, die regelmäßig in verschiedene Skandale verwickelt sind. Ob die beiden wirklich glücklich sind, nur weil sie schlank sind und schöne Gesichtszüge haben?

Schönheit wird auch immer mit Schlankheitswahn in Verbindung gebracht. Laut zahlreicher Umfragen behaupten jedoch 90% aller Männer, dass sie weibliche Rundungen sehr attraktiv finden. Und Glück macht schön! Denn wer glücklich ist, fühlt sich schön und strahlt von innen. Glück macht einfach attraktiv und unwiderstehlich. Wenn Sie glücklich sind, fühlen Sie sich nicht nur mit Ihrem Partner gut, sondern auch mit sich selbst. Und die Beziehung, die Sie mit sich selbst führen, ist die Basis für jede Partnerschaft.

Ob wir einen Menschen als schön und königlich empfinden, liegt somit in erster Linie an seiner Persönlichkeit. Beginnen Sie also bei sich selbst. Wer sich königlich benimmt, wird auch so behandelt. Wenn Sie Ihren Mitmenschen mit Liebe und Wertschätzung gegenübertreten, werden diese Gefühle auch entsprechend erwidert werden. Warum sollen wir uns mit Menschen umgeben, die uns schlecht behandeln?

Grundsätzlich gilt: Prinzessinnen ziehen Liebe und Glanz in ihr Leben. Doch natürlich können wir nicht immer jeden Konflikt umgehen, denn wo Menschen einander begegnen, gibt es immer Konflikte. Auch Cinderella musste sich aus der schlechten Beziehung zu den Stiefschwestern und der bösen Stiefmutter befreien, um ganz Prinzessin zu werden.

Was ich damit meine, ist: Sorgen Sie dafür, dass man Sie mit Respekt und Liebe behandelt. Gerade in einer Beziehung gibt es oft Situationen, in denen wir uns schlecht behandelt fühlen. Das muss nicht sein! Befreien Sie sich davon. „Das lasse ich mir wirklich nicht von dir gefallen. So möchte ich das nicht. Stopp! So geht das nicht. Das akzeptiere ich nicht!“ Eine Prinzessin weiß auch, was sie nicht will. Wenn Sie sich von einer schlechten Behandlung bewusst distanzieren, werden Sie mehr Gutes in Ihr Leben ziehen.

Zunächst ist es wichtig, dass Sie wissen, was Sie wollen. Schreiben Sie Ihre Wünsche auf, denn wenn Sie Ihre Wünsche in Worte fassen, setzen Sie damit für sich selbst ein starkes positives Zeichen. Wichtig ist dabei besonders, dass Sie ganz ehrlich zu sich sind. Sie sind eine Prinzessin, eine Königin, und können sich alles wünschen, was Sie wollen. Glauben Sie mir! Der erste Schritt ist die Formulierung der Wünsche. Der zweite Schritt ist die Umsetzung.

Versuchen Sie das königliche Gefühl in Ihren Alltag zu integrieren. Beginnen wir an einem ganz normalen Montag in der Arbeit. Treten Sie Ihren Kolleginnen und Kollegen königlich gegenüber. Seien Sie nett, wertschätzend und respektieren Sie Ihr Gegenüber. Doch grenzen Sie sich von Intrigen und Beleidigungen ab, denn das haben Sie nicht verdient. Sagen Sie Ihrem Gegenüber, was Ihnen nicht gefällt und setzen Sie damit ein starkes Zeichen. Führen Sie das Leben, das Sie sich wünschen, und gehen Sie mit gutem Beispiel voran. Verfallen Sie nicht in alte Verhaltensmuster, sondern bewahren Sie sich die Königin in sich selbst.

Auch im privaten Bereich, im Umgang mit der Familie, mit Freundinnen und Freunden, müssen wir oft unsere Grenzen ziehen. Menschen, die uns nahestehen, neigen manchmal dazu, uns schlecht zu behandeln. Wenn man jemanden gut kennt, nimmt man sich manchmal kein Blatt vor dem Mund und ist oft schnell mit Beleidigungen. Seien Sie ein positives Vorbild – wenn Sie Ihre Freunde und Ihre Familie respektieren, werden auch Sie Anerkennung und Wertschätzung zurückbekommen. Hin und wieder müssen wir einfach zuerst überlegen und dann sprechen; seien Sie manchmal also besonders vorsichtig, wie Sie etwas formulieren.

Wenn Sie die Cinderella-Strategie in Ihren Alltag integrieren, werden Sie erleben, wie sich Ihre Umgebung Schritt für Schritt verändert. Sie werden am Anfang auch immer wieder in alte Muster zurückfallen, doch das ist ganz normal. Und Sie werden bald auch viele Erfolge zu verbuchen haben!

Doch was ist nun mit der Liebe? Wie kann uns die Cinderella-Strategie auch gezielt in einer Partnerschaft helfen? Entweder sind Sie gerade Single oder Sie haben eine Beziehung. Vielleicht sind Sie auch verheiratet oder stehen gerade vor diesem großen Schritt. Egal, in welcher Liebessituation Sie sich befinden, die Cinderella-Strategie kann Sie gezielt unterstützen.

Für Singles gilt: Seien Sie eine Prinzessin und benehmen Sie sich königlich. Erwarten Sie von einem Mann Respekt und Wertschätzung vom ersten Date an! Natürlich muss es nicht immer Liebe auf den ersten Blick sein. Wenn wir wieder an die Welt der Märchen denken, fällt uns etwa die Geschichte vom Froschkönig ein.

Die wunderschöne Prinzessin flüchtet aus ihrem behüteten Zuhause zum Brunnen am Waldrand. Als Symbol für Schönheit und heile Welt spielt die Prinzessin mit einer goldenen Kugel. Die Psychologie deutet dies so, dass die glänzende Welt der Königstochter nicht eine wirklich erfüllte Ganzheit ist, sondern eine Leere verdeckt. Die scheinbar makellose Schönheit ihrer Welt könnte also nur eine Fassade sein, die einen Mangel verbirgt. Obwohl sie ein Leben in Reichtum und Überfluss führt, ist die Königstochter unglücklich und es drängt sie hinaus in die Welt. Die Tiefe des kühlen Brunnens erscheint ihr verlockend, doch ihre schöne Kugel gleitet ihr aus der Hand.

Jetzt kommt der Frosch ins Spiel – er erweist sich als Helfer in der Not. Obwohl er auf den ersten Blick absolut nicht ihr Fall ist, ist sie dennoch froh über seine Unterstützung. Und siehe da: Der unattraktive Frosch verwandelt sich am Ende in einen Prinzen. Es ist so: Erwarten Sie nicht, dass Ihnen Prince Charming begegnet. Jede Prinzessin muss auch Frösche küssen. Und es gibt die Liebe auf den zweiten Blick. Wichtig ist, dass Ihnen ein Mensch gut tut und Sie sich wohl fühlen!

Ich erlebe oft Singlefrauen und Singlemänner, die sehr hart zu sich selbst sind. Sie suchen in jedem Date den Mann oder die Frau fürs Leben. Ihre Ansprüche sind unermesslich und sie geben niemandem eine Chance, der diese Ansprüche nicht voll erfüllt. Schade eigentlich, denn so verpassen diese Menschen viele tolle Gelegenheiten. Es muss nicht immer sein, dass sich ein Frosch in einen Prinzen verwandelt, aber die Möglichkeit besteht. Mehr dazu lesen Sie im vierten Schlüssel zum Glück: „Auch Prinzessinnen müssen Frösche küssen! Nehmen Sie miese Dates mit Humor"

Manchmal verlieben wir uns aber auch ganz einfach in einen Menschen, der uns ähnlich ist. Studien des amerikanischen Sozialpsychologen Don Byrne kamen zu dem klaren Ergebnis: Je mehr Ähnlichkeiten wir mit einem anderen Menschen feststellen, desto mehr „Lämpchen leuchten auf", also desto sympathischer sind wir einander. Dieses Muster gilt, wann immer Menschen einander treffen. Doch andererseits ist es Ihnen vielleicht auch schon mal so ergangen: Sie begegnen einem Menschen und alles scheint perfekt. Sie haben dieselben Interessen und Gemeinsamkeiten und verstehen einander scheinbar ohne Worte. Happy ohne Ende, möchte man meinen. Doch irgendwann wird es langweilig.

Auch viele Märchen besagen, dass sich Gegensätze anziehen, etwa „Die Schöne und das Biest" oder „Der Froschkönig". Liebe kennt im Märchen scheinbar keine Grenzen, und obwohl jemand anders aussieht und sich anders verhält als wir, können wir uns trotzdem Hals über Kopf in ihn verlieben. Doch wie verhält es sich damit im realen Leben?

Wie die meisten Frauen musste ich viele Frösche küssen, bis ich meinen Prinzen fand. Mein ganz persönliches Märchen hat vor vielen Jahren begonnen, aber auch in meinem Fall waren es einige Umwege, die zum Glück führten. Wenn ich an meine ersten Dates zurückdenke, muss ich schmunzeln!

Als ich achtzehn Jahre alt war, hatte ich einen Ferienjob bei einer Zeitung. Man hatte mir versprochen, dass ich redaktionelle Beiträge schreiben darf, in Wirklichkeit ließ man mich jedoch langweilige Büroarbeiten erledigen. Doch endlich, als eine Redakteurin krank wurde, bekam ich meine Chance als Journalistin. Ich wurde zum Fußballstadion geschickt; das klingt zwar jetzt nicht unbedingt interessant, aber ich sollte einen bekannten jungen Fußballstar interviewen, der rein zufällig noch äußerst attraktiv war. Das klang schon wieder vielversprechender!

Aber natürlich ist das so eine Sache mit den äußerst attraktiven Männern. Zumeist sind sie es gewohnt, im Mittelpunkt zu stehen und von allen bewundert zu werden. Wer bei Mr. Wunderbar punkten will, darf ihn also nicht zu sehr anhimmeln. Das gilt übrigens für alle Männer. Männer haben grundsätzlich viel Selbstbewusstsein und wir dürfen ihnen auch durchaus zu verstehen geben, dass sie uns gefallen. Wir sollten allerdings nie einen Mann auf ein Podest stellen, sondern ihm gleichgestellt bleiben.

Nun ja, ich hatte nicht zu viel erwartet. Auch mein Mr. Wunderbar war zwar charmant, gleichzeitig aber auch überaus arrogant. Mein Glück, dass ich mit einer gesunden Portion Selbstbewusstsein ausgerüstet war, so konnte mich der Fußballheld nur mäßig beeindrucken. Weil er im Stadion keine Zeit hatte, schlug er vor, das Interview etwas später in einem Café zu führen. Ich willigte ein, schließlich brauchte ich ja meinen Text für die Zeitung. Natürlich gefiel er mir auch irgendwie – und es gibt schließlich Schlimmeres, als sich mit einem attraktiven Mann zu treffen!

Bei unserem Interview zeigte sich Mr. Wunderbar von seiner besten Seite. Er warf mir ein paar tiefe Blicke zu und versuchte ganz offensichtlich, mit mir zu flirten. Aber so schnell wollte ich darauf nicht einsteigen, denn der Fußballprinz musterte während unseres Gesprächs unentwegt auch die übrigen Frauen im Lokal. Mir kam es so vor, als wollte er abchecken, ob er noch „etwas Besseres" als mich finden könnte.

Nach der Cinderella-Strategie ist das absolut indiskutabel! Sie sind die Hauptperson und verdienen die volle Beachtung und Bewunderung. Wer beim ersten Date schon nach anderen Frauen schielt, ist definitiv ein Frosch und kein Prinz. Bevor Sie ihn aber zurück in den Brunnen schicken, probieren Sie noch ein paar kleine Tricks aus der Märchenkiste: Versuchen Sie, seine ungeteilte Aufmerksamkeit zu erlangen, etwa mit einer direkten Frage, die sich speziell auf Sie bezieht.

Fragen Sie Ihn zum Beispiel um Rat bei einer Problemsituation im Job: „Du, ich bräuchte deinen Rat, vielleicht kannst du mir einen Tipp geben? Ich habe folgendes Problem im Job ... Was meinst du dazu?" Männer lieben es, gebraucht zu werden; sie sind gerne Ratgeber und Problemlöser – speziell dann, wenn sie nicht der Auslöser dafür sind. Gerade bei ersten Dates kann man Männer auch als Ratgeber benützen. Das kommt meist viel besser an, als wenn wir versuchen, sie mit möglichst interessanten Geschichten über uns zu beeindrucken.

Ein gewisses Maß an Selbstbewusstsein ist beim ersten Date von großer Bedeutung, denn: Nur wer sich selbst liebt, der kann auch andere lieben. Lesen Sie doch einmal das wunderbare Buch von Erich Fromm „Die Kunst des Liebens". Fromm beschreibt in seinem Werk die Bedeutung von Selbstliebe für jede zwischenmenschliche Beziehung. Wer sich selbst liebt, ist liebenswert und überzeugt vom ersten Date an! Sonst kann es passieren, dass wir bei unserer nächsten Beziehung wieder in die gleiche Falle tappen wie zuvor. Nur wer sich selbst viel Wertschätzung entgegenbringen kann, wird auch von einem Partner respektiert und geachtet werden.

Auch der moderne Bestseller „Liebe Dich selbst und

es ist egal, wen du heiratest“ von Eva Maria Zurhorst beschreibt die Bedeutung der Selbstliebe. Außerdem kritisiert die Autorin in ihrem Buch das vorschnelle Beenden einer Beziehung; den rasanten Wechsel von einem Partner zum anderen, weil eine Beziehung nicht perfekt klappt, bezeichnet sie als „Boris Becker-Phänomen“. Die meisten Scheidungen sind laut Zurhorst überflüssig. Doch man darf eine Beziehung nicht nur idealisieren, denn jede Partnerschaft ist ein Entwicklungsprozess und mit Arbeit verbunden. Wer zu schnell aufgibt, weil es anstrengend wird, der muss damit rechnen, dass er in der nächsten Beziehung mit demselben Problem konfrontiert wird. Lesen Sie dazu weiter im siebten Schlüssel zum Glück: „Happy ohne Ende! Was passiert, wenn Sie Ihren Märchenprinzen gefunden haben“

Wenn man jung ist, experimentiert man noch mehr und probiert verschiedene Partner aus, ohne wirklich den potenziellen Mr. Right zu erwarten. Das ist völlig in Ordnung. Doch irgendwann will man sich gemeinsam mit einem Menschen etwas aufbauen. Aus einem Flirt wird Verliebtheit und aus Verliebtheit wird Liebe. Damit aus Liebe aber nicht Gewohnheit, Langeweile und irgendwann plötzlich Abneigung wird, müssen wir etwas tun. Für Paare gilt also: Wer „happy ohne Ende“ bleiben will, muss auch aktiv daran arbeiten. Doch wie erkennen wir, ob ein Mann diese Arbeit auch wert ist?

Nach meinem Date mit dem attraktiven Mr. Wunderbar lernte ich durch einen gemeinsamen Studienkollegen auf ganz ungezwungene Weise einen jungen Mann kennen, der auf den ersten Blick ganz nett und natürlich wirkte. Als er sich mit mir verabreden wollte, sagte ich zu. Ich war zwar nicht völlig hingerissen von ihm, wollte mich aber einfach einmal überraschen lassen. Wir gingen gemeinsam auf ein Studentenfest und er bemühte sich total um mich. Ja, ich würde sogar behaupten, dass er mich wie eine Prinzessin behandelte. Er hielt mir die Türe auf, half mir wie ein Gentleman aus meiner Jacke, versorgte mich mit Drinks und begleitete mich nach Hause. Auch bei unserem nächsten Date zeigte er sich von seiner Schokoladenseite.

Allerdings schwärmte er mir von einer anderen Frau vor. Eigentlich indiskutabel – aber in seinem Fall war die Angebetete seine Mutter. Schluck! Was sollte ich tun? Ihn in die Wüste schicken, weil er voller Lobeshymnen über seine Mutter war? Nachdem auch ich einen sehr guten Kontakt zu meiner Mutter hatte, beschloss ich, es vorerst zu akzeptieren. Ich hatte schließlich nicht vor, das Muttersöhnchen samt Schwiegermama gleich zu heiraten. Nachdem er weitere Wochen seine Mama in den blumigsten Farben beschrieb, wollte ich mit knirschenden Zähnen die Angebetete nun endlich kennen lernen. Also trafen wir uns vorerst ganz zwanglos in einem Café.

Mein Muttersöhnchen empfing mich beim Eingang und führte mich dann feierlich zu seiner Mutter, die wie eine Königin in der Mitte des Cafés thronte. „Hallo, meine Liebe“, sie reichte mir ihre Hand, „es freut mich immer wieder, die Freundinnen von Axel kennen zu lernen. Der liebe Junge ist bei der Damenwelt ja so begehrt“, säuselte sie und warf ihrem Sohn einen bewundernden Blick zu. Ich war völlig perplex. Sie begrüßte mich als eine von vielen Verehrerinnen ihres Sohnes, und der liebe Axel fand das scheinbar völlig in Ordnung. Doch für mich war es das ganz und gar nicht. Aber wie sollte ich reagieren?

Wenn seine Mutter hier die böse Königin spielte, würde ich auf jeden Fall Schneewittchen sein. Ich befürchtete jedoch, dass man mir bald den vergifteten Apfel reichen würde. Aber vorerst machte ich gute Miene zum bösen Spiel. Allerdings wollte ich auf gar keinen Fall eine von vielen Freundinnen sein, über die sich ein Muttersöhnchen mit seiner Mutter austauschen kann. Ich bestellte ein Glas Prosecco, nachdem ich befürchtete, dass ich das Date sonst nicht überstehen würde. Die böse Königin runzelte die Stirn und warf einen Blick auf die Uhr. Sie wollte mir wohl signalisieren, dass es sich am frühen Nachmittag nicht schickte, Sekt zu trinken. Vielleicht hielt sie mich für eine gefährliche Alkoholikerin, die ihren Axel ins Verderben stürzen wollte!

Axel ignorierte mich völlig, dafür widmete sich der Knabe umso hingebungsvoller seiner Mutter. Irgendwie war mir das zu viel. Ich war hin- und hergerissen. Sollte ich Axels Mutter schockieren und die Skandalnudel spielen oder besser einfach die Flucht ergreifen? Ich entschied mich für Letzteres, täuschte einen dringenden Termin vor und eilte davon. Axel rief mich noch ein paar Mal an, seine Mutter wollte uns unbedingt zum Essen einladen; doch komischerweise hatte ich darauf absolut keinen Appetit.

Manchmal ist es gar nicht so einfach, immer Größe zu bewahren und eine Prinzessin zu sein. Ob Sie den Kampf mit der Schwiegermutter in spe aufnehmen sollen, hängt davon ab, wie viel Ihnen an Ihrem Lover liegt. Auch Muttersöhnchen können sich ändern – und schließlich wollen Sie ja nicht mit seiner Mutter zusammen sein, sondern mit ihm. Allerdings wird ein Muttersöhnchen immer erwarten, auch von Ihnen bemuttert zu werden. Überlegen Sie sich gut, ob Sie dazu bereit sind. Es könnte Ihnen auch passieren, dass seine Mutter Ihren Haushalt kontrolliert oder darauf besteht, nach wie vor seine Wäsche zu waschen.

Wenn mir aber wirklich von Herzen etwas an einem Mann liegt, würde ich es mit jedem „Schwiegermonster" aufnehmen. Vielleicht hilft auch ein klärendes Gespräch, denn Sie wollen ihr schließlich nicht ihren Sohn wegnehmen. Grundsätzlich kostet eine derartige Konfrontation aber viel Energie. Überlegen Sie sich gut, ob Sie bereit dazu sind, diese auch zu investieren. Und machen Sie ruhig einen kleinen Test: Wie reagiert Ihr Lover auf Sie in Gegenwart seiner Mutter? Nimmt er Sie in Schutz oder ergreift er nur die Partei seiner Mama? In meinem Fall war die Sache klar: Mein Muttersöhnchen war den Aufwand nicht wert.

Wie die Vater-Tochter-Beziehung ist auch die Mutter-Sohn-Beziehung etwas ganz Entscheidendes. Wenn ein Sohn seine Mutter mit Respekt behandelt, wird er diese Anerkennung auch später seiner Partnerin entgegenbringen. Das mag ein großer Vorteil sein. Wenn ein Mann seine Partnerin jedoch ständig mit seiner Mutter vergleicht oder seine Mutter zu sehr vergöttert, kann das sehr ungesund für die Beziehung sein. Natürlich kommt es auch darauf an, wie sich die Mutter verhält. In meinem Fall hatte sie anscheinend Angst, ihren Sohn an eine Frau zu verlieren. Und auch wenn sie ihrem Sohn Glück in der Liebe wünschte, war ihr niemand gut genug.

Nachdem ich heute selbst Mutter eines Sohnes bin, kann ich Axels Mutter aus meiner heutigen Perspektive sogar ein bisschen verstehen. Trotzdem hat es mit mir und dem Muttersöhnchen einfach nicht geklappt, aber das hatte bestimmt auch andere Gründe. Manchmal lohnt es sich zu kämpfen und ein anderes Mal auch nicht. Verlassen Sie sich da ganz auf Ihr Bauchgefühl.

Nach meiner Erfahrung mit dem Muttersöhnchen wollte ich mich so schnell auf kein Date mehr einlassen. Stattdessen flog ich mit meiner Mutter und meiner Tante nach Portugal. Ferien an der Algarve sollten mich von allen Muttersöhnchen dieser Welt perfekt ablenken. Wir verbrachten eine entspannte Woche, aßen Sardinen, schwammen im türkisblauen Meer und bewegten uns glücklicherweise in einer absolut männerfreien Zone. Es war herrlich erholsam! Ich hatte beschlossen, der Männerwelt eine Weile den Rücken zu kehren. Doch ich sollte meine Meinung schnell ändern, denn am Retourflug traf ich meinen neuen potenziellen Kandidaten: groß, dunkelhaarig und süße Grübchen in den Wangen.

Die Erwartungen an unseren Mr. Right ändern sich mit der Zeit. In den Zwanzigern achten wir in erster Linie auf die Optik, in den Dreißigern muss das Gesamtpaket passen: das Aussehen, der Charakter, die Persönlichkeit. Während wir in den Zwanzigern vielleicht noch auf einen flachen Anmachspruch hereinfallen, sehen unsere Wünsche in den Dreißigern schon anders aus. Wir finden Intelligenz sexy und sehnen uns nach sensiblen Männern, die auch ihre weiche Seite zeigen können.

Mit achtzehn waren meine Erwartungen an einen interessanten Kandidaten noch nicht so hoch. Flirten machte ganz einfach Spaß, ohne dass ich bestimmte Hoffnungen damit verknüpfte. Das sollte aber auch in den Dreißigern, Vierzigern, Fünfzigern und später noch ein Thema sein: Ein ungezwungener Flirt ganz ohne Erwartungen hat immer etwas Erfrischendes!

Zufällig saßen wir im Flugzeug nebeneinander und verstanden uns einfach blendend. Er schwärmte mir von seiner Reise quer durch Portugal mit seinen Freunden vor und ich machte meine Mutter und meine Tante kurzerhand zu meinen älteren Schwestern. Klingt doch viel lässiger, als mit zwei Aufpasserinnen unterwegs zu sein. Als das Flugzeug gelandet war, hatten wir bereits Telefonnummern ausgetauscht und uns für den nächsten Tag verabredet.

Es folgten einige nette und total unkomplizierte Dates. Ich fand allerdings heraus, dass mein potenzieller Mr. Right doch etwas jünger war als ich. Natürlich sollte das vorerst kein Problem sein, denn mein Youngster war nett, lustig und auf eine gewisse Weise wohltuend. Doch so richtig verliebt war ich eigentlich nicht; eigentlich benutzte ich ihn nur, um jemand anderen eifersüchtig zu machen – aber zu diesem Jemand komme ich später noch ausführlicher. Wenn Ihnen ein Mann gut tut, können Sie sich ruhig mit ihm treffen, auch wenn seine Bewunderung für Sie größer ist als Ihre für ihn. Die Hauptsache ist doch, sie verbringen gemeinsam eine gute Zeit!

Nun gut, wir hatten viel Spaß, obwohl unsere Beziehung eher platonischer Natur war. Nur den einen oder anderen langweiligen Kuss gab es. Irgendwann eröffnete mir aber mein Teenie, dass ihm die Freundschaft oder Beziehung mit mir einfach zu teuer war. Wie bitte? Zu teuer? Das konnte doch nicht wahr sein! Waren wir etwa im Haubenrestaurant oder auf Blitzkreuzfahrt in der Karibik gewesen? Wir hatten uns lediglich ein paar Mal auf ein Bier oder ein Essen beim Italiener getroffen. Und natürlich hatte er mich ab und zu eingeladen, aber wenn ich gewusst hätte, dass ihm das zu teuer war … Geld sollte doch in der Liebe keine Rolle spielen.

Doch scheinbar ist Geld manchmal doch wichtiger, als wir denken. Geld ist der Auslöser für die meisten Konflikte in Beziehungen, nicht nur in jungen Liebeleien, sondern auch in dauerhaften Partnerschaften und Ehen. Immer wieder wird um das liebe Geld debattiert und gestritten. Wir sollen also seine Bedeutung nicht unterschätzen, aber andererseits gilt: Geld alleine macht nicht glücklich. Wer seinen Partner nur aufgrund seiner finanziellen Lage wählt, ist garantiert nicht auf dem richtigen Weg.

Natürlich ist Großzügigkeit eine Tugend, die die Liebe braucht. Das bedeutet aber nicht, dass wir möglichst viel Geld für unseren Partner ausgeben sollen oder umgekehrt. Man kann auch mit beschränkten Mitteln großzügig sein.

Wenn ich in jemanden verliebt bin, ist es mir egal, ob er mich auf ein Stück Pizza oder in ein Haubenrestaurant einlädt. Wer allerdings immer streng alle Rechnungen trennt, wird irgendwann die Verbundenheit vermissen, denn eine Einladung ist immer ein Zeichen von Wertschätzung und somit gleichzeitig ein Liebesbeweis. Wer wenig finanzielle Möglichkeiten hat, um seiner Liebe Ausdruck zu verleihen, der kann dafür verschwenderisch mit seinen Gefühlen umgehen.

Wenn Sie sich mit einem jüngeren Mann verabreden, kann das sehr spannend sein, das wissen wir spätestens seit der TV-Serie „Lipstick Jungle". Die elegante und knallharte Chefredakteurin Nico Reilly verliebt sich in den um viele Jahre jüngeren Fotografen Kirby. Natürlich stoßen die beiden auch auf viele Gegensätze. Nico wünscht sich beispielsweise Kinder, Kirby jedoch fühlt sich dazu noch nicht bereit. Letztendlich siegt aber die Liebe. Die beiden erkennen, dass sie trotz Altersunterschied nicht ohne einander leben wollen.

Junge Männer stehen für Spontanität und Aktivität, ihre Gesellschaft ist prickelnd und abwechslungsreich. Ältere Männer stehen für Reife und Lebenserfahrung, wir können von ihnen lernen und von ihrer Erfahrung profitieren. Grundsätzlich sollte Liebe keine Altersgrenzen kennen. Auch im Märchen spielt das Alter keine Rolle. In der Regel sind die Prinzessinnen meist noch Mädchen und die Prinzen und Könige um einiges älter und erfahrener. Grundsätzlich soll es aber auch in der Liebe im Märchen keine Grenzen geben, wenn wir zum Beispiel an die Geschichte von „Die Schöne und das Biest" denken. Wie kann sich eine junge, zauberhaft schöne Frau in ein schreckliches Ungeheuer verlieben? Es gibt also immer Wege. Und ob jemand fürchterlich ist oder nicht, entscheidet nicht alleine die Optik.

Aber nun zurück zu meiner Erfahrung mit einem jüngeren Mann. In meinem Fall war der Altersunterschied sehr gering, aber wenn man selbst jung ist, erscheinen drei Jahre Altersunterschied schon sehr viel; ich hatte mich also mit einem halben Teenager eingelassen. Irgendwie kamen mir jetzt sogar Gewissensbisse und so führte ich ihn auf meine Kosten zu einem schönen Abendessen aus. Der Abend verlief eigentlich ganz gut, doch am nächsten Tag kam dann die Überraschung. Ich erhielt Post von meinem Teenie-Lover; es war allerdings kein romantischer Liebesbrief, sondern eine Trennungsbotschaft, die mein Youngster noch dazu per Expressbrief verschickt hatte.

Er machte also Schluss mit mir, und zwar so schnell wie möglich. Als Trennungsgrund gab er an, dass wir doch zu verschieden wären. So stellt sich keine Prinzessin ihren Prinzen vor! Trotzdem ließ ich das nicht auf mir sitzen. Ich rief ihn an und sagte ihm die Meinung. Wenigstens war ich nicht so feige wie er. Im Grunde sprach mir die Trennung aus der Seele, allerdings ging es mir ums Prinzip. So wollte ich mich nicht behandeln lassen. Ich betrauerte meinen Teenie-Boy genau einen Tag lang und machte mich dann wieder auf die Suche nach neuen Prinzen.

In unserer schnelllebigen Zeit kann es auch bei Trennungen oft nicht rasch genug gehen. In der Erfolgsserie „Sex and the City“ bekam die Kolumnistin Carrie die Ankündigung einer Trennung sogar auf ein simples Post-it gekritzelt. „Ich kann nicht, hasse mich nicht“ stand auf dem kleinen Zettel. Manchmal machen es sich die Männer schon ganz schön einfach. Auch eine Trennung per SMS ist heutzutage nicht unüblich. Schade, dass man nicht mehr genug Zeit für klärende Worte aufbringen kann.

Was wäre wohl im Märchen in so einem Fall passiert? Wahrscheinlich hätte eine Brieftaube die Nachricht überbracht, was zumindest noch einen Hauch von Romantik verbreitet hätte. Wichtig ist im Fall einer Trennung auch wieder die Wertschätzung. Männer, die Ihnen so wenig Wertschätzung entgegenbringen, dass sie ihre Trennungsabsichten nicht in einem persönlichen Gespräch mitteilen können, sind es definitiv nicht wert, dass man ihnen auch nur eine Träne nachweint. Natürlich ist es nicht immer so einfach. Wir sind schließlich keine Maschinen und können unsere Gefühle nicht per Knopfdruck abstellen. Aber trotzdem muss uns in so einer Situation bewusst sein, dass wir ohne den betreffenden Typen besser dran sind.

Meine Beziehung zu dem Youngster war auf jeden Fall beendet und ich erkannte sehr bald, dass es so wirklich das Beste war! Ein Jobwechsel nach Wien sollte mir Abwechslung bringen. Ich hatte ein interessantes Angebot bekommen, das mit vielen Reisen verbunden sein würde, und so stürzte ich mich Hals über Kopf in das neue Abenteuer. Die folgenden acht Jahre sollte ich für eine österreichische Airline durch die Lüfte fliegen. Frühstück bei Tiffany in New York, Lunch in London und Dinner in Paris, so ähnlich stellte ich mir mein künftiges Leben vor. Vor allem wollte ich meine Zeit nicht mehr mit dummen, jungen Pseudoprinzen verbringen, sondern endlich einen richtigen Mann kennenlernen, der wusste, was ich wert war.

Wenn es gerade keinen Mann in Ihrem Leben gibt und auch keiner in Sicht ist, dann nützen Sie Ihre Energien für andere Dinge. Nehmen Sie sich Zeit für Ihre Freunde, engagieren Sie sich für Ihren Job, verwirklichen Sie lang verborgene Ideen oder machen Sie eine schöne Reise. Wer nicht gerne alleine ist, kann und soll sich mit Menschen umgeben und Spaß haben. Wichtig ist, dass Sie das tun, was Sie glücklich macht. Und auch ohne potenziellen Mr. Right können wir rundum glücklich sein. Wichtig ist wieder einmal die Selbstliebe! Also seien Sie Schneewittchen, lächeln Sie Ihr Spiegelbild an und haben Sie jede Menge Spaß mit den Sieben Zwergen, die für Schneewittchen eine wichtige Rolle als Freunde und Helfer spielen. Natürlich ist es schön, von einem Prinzen gerettet zu werden, aber es gibt für alles immer den richtigen Zeitpunkt, denken Sie daran!

Im Ratgeber „Zwischen Beziehungswunsch und Wunschbeziehung“ wird die positive Bedeutung der Singlezeit sehr treffend beschrieben. Auch eine Zwischensituation im Leben kann uns bereichern. Wichtig ist, dass wir aus jeder Lebenssituation immer das Beste machen. Natürlich muss man als Neo-Single viele Blockaden überwinden und Verhaltensmuster überdenken, doch letztendlich ist das Singleleben auch eine ganz wichtige Phase. Wer mit sich selbst alleine sein kann, ist auch eine gute Gesellschaft für andere.

Seien Sie eine Prinzessin! Das war auch weiterhin meine Devise. Bei allem, was ich tat, versuchte ich Haltung zu bewahren und mich so königlich wie möglich zu benehmen. Selbst wenn es darum ging, leer gegessene Tabletts im Flugzeug abzuservieren.

Ich lernte viele neue Leute kennen. Auch wenn kein Prinz dabei war, so traf ich dafür meine besten Freundinnen. Alina war Flugbegleiterin wie ich und einfach wunderbar: perfektes Make-up, perfektes Lächeln, perfekte Beziehung. Alina war seit einem Jahr mit ihrem Freund Markus zusammen, ein Prince Charming, wie er im Buche steht, beneidenswert attraktiv. Oft gingen wir auch gemeinsam aus. Und das Tolle war: Ich fühlte mich bei den beiden nie wie das dritte Rad am Wagen.

Alina stellte mich auch ihrer Freundin und Mitbewohnerin Sylvie vor: Sylvie war superblond, aber auch superschlau. Sie hatte in kürzester Zeit ein Marketingstudium absolviert und arbeitete jetzt im Management bei einer großen Wiener Agentur. Sylvie war Single und stolz darauf. Es war Freundschaft auf den ersten Blick und so war es naheliegend, dass ich zu Alina und Sylvie in die Dachgeschosswohnung im dritten Bezirk zog und meine besten Freundinnen gefunden hatte. Ein Zimmer in der WG war frei geworden und ich fühlte mich in meiner kleinen Pension ohnehin nicht mehr wohl. Wer in einer WG wohnt, ist nicht mehr einsam. Für mich war das Zusammenleben mit Alina und Sylvie perfekt. Mit Sylvie und Alina tanzte ich durch die Nächte, manchmal war auch Alinas Freund mit von der Partie.

Alina war wirklich verliebt in Markus und er auch in sie. Sie waren einfach ein Traumpaar. Umso mehr erschütterte es mich, als Alina eine schmerzliche Entdeckung machte: Markus führte sozusagen ein Doppelleben und hatte noch eine andere Beziehung mit einer unserer Arbeitskolleginnen. Bei einem Flug nach Hamburg platzte die Bombe; die beiden unterhielten sich über ihre Beziehungen und mussten dabei feststellen, dass sie beide den gleichen Freund hatten. Alina verstand die Welt nicht mehr. Sie stellte Markus zur Rede, der ihr alles gestand. „Aber ich liebe nur dich, Alina, das musst du mir glauben“, stammelte er. „Wenn du mich lieben würdest, hättest du mich nicht hintergangen“, war Alinas Antwort.

Die beiden trennten sich, allerdings auf Probe. Alina gab Markus so noch eine kleine Chance, seine Liebe zu beweisen. Doch als sie während dieser Zeit Markus und seine andere „Tussi“ Händchen haltend im Café traf, war es endgültig aus. Alina zog einen königlichen Strich unter ihre märchenhafte Beziehung.

Seien Sie eine Prinzessin! Verlangen Sie von einem Mann die volle Wertschätzung. Wenn Sie Ihr Partner betrügt und belügt, ist das ein Zeichen von mangelndem Respekt. Für die Prinzen im Märchen gab es auch nur eine

Auserwählte und im wirklichen Leben sollte das ebenfalls so sein. In der Monogamie liegt die wahre Herausforderung und Spannung, davon bin ich überzeugt. Und hier wären wir auch wieder bei Beziehungscoach Eva-Maria Zurhorst, die in einer dauerhaft stabilen Partnerschaft ebenfalls das wahre Glück sieht. Wer eine Beziehung vorschnell aus Langeweile beendet, wird nie erkennen, wie aufregend eine lebenslange Partnerschaft sein kann.

Ob Sie Ihrem Traumprinzen nach einem Seitensprung noch eine Chance geben, liegt natürlich ganz an Ihnen. Grundsätzlich gilt: Jeder hat eine zweite Chance verdient, aber nach einem Ausrutscher liegt der nächste natürlich oft sehr nahe. Auch im Märchen lässt der Prinz auf der Suche nach Cinderella mehreren Frauen den goldenen Schuh anprobieren. Natürlich kann ein Mann sich umsehen, doch für mich ist Treue das Fundament in einer Beziehung.

Wer seinen Partner betrügt, begibt sich auf sehr dünnes Eis und gefährdet die Beziehung. In Alinas Fall hatte sie ihr Traumprinz gleich zweimal enttäuscht und die Trennung war leider notwendig. Natürlich schmerzen manche Trennungen, aber sie sind oft einfach unerlässlich, damit man sich noch als Prinzessin in den Spiegel schauen kann.

„Spieglein, Spieglein an der Wand. Wer ist die Glücklichste im ganzen Land?“ Hin und wieder einen prüfenden Blick in den „Spiegel Ihres Lebens“ zu werfen, kann nicht schaden, denn wichtig ist, dass Sie sich mit Ihrem Leben auch hundertprozentig identifizieren können. Sie sollen sich im Spiegel betrachten und sagen können: „Es geht mir gut. Er tut mir gut. Ich fühle mich in meiner Beziehung wohl und zufrieden. Ich bekomme von meinem Partner Liebe, Anerkennung und Respekt.“ Wenn Sie diese Worte zu sich sagen können, dann liegen Sie richtig. Wenn Sie aber denken: „Eigentlich geht es mir schrecklich. Ich fühle mich unattraktiv und ungeliebt in meiner Partnerschaft", dann besteht Handlungsbedarf.

Ich kann mich erinnern, dass es mich einmal sehr viel Kraft gekostet hat, eine Beziehung zu beenden. Wir waren lange zusammen gewesen und kamen aus Angst vor dem Alleinsein schwer voneinander los. Schlussmachen ist nie leicht, aber ich wusste ganz genau, dass ich mich keinen Tag länger mit gutem Gefühl im Spiegel betrachten hätte können, wenn ich diese Beziehung noch weiter geführt hätte. Er wurde oft aggressiv zu mir und ich konnte mit diesen Ausbrüchen nicht mehr klarkommen.

Diese Trennung war notwendig und ich habe sie nie bereut. Im Gegenteil, mein Leben hat sich danach zum Positiven verändert und ich war endlich bereit für den Richtigen. Kurz nach dem wichtigen Schlussstrich habe ich meinen jetzigen Mann kennengelernt und die wahre Liebe gefunden. Manchmal kann eine Trennung also auch ein Schlüssel zum Glück sein. Hören Sie dabei auf Ihre innere Stimme, dann treffen Sie die richtige Entscheidung.

Nach ihrer schmerzhaften Trennung schwor Alina der Männerwelt für eine Zeit ab und Sylvie und ich versuchten, sie auf andere Gedanken zu bringen. Als Nächste wurde Sylvie von Amors Pfeil getroffen. Sie bekam einen Anruf von einem alten Freund, der ganz neu in Wien war und sich mit ihr treffen wollte. So verabredete sich Sylvie mit ihm auf einen Kaffee, und aus dem schnellen Kaffee wurden ein ganzer Nachmittag und ein Abend. Die beiden verstanden sich wunderbar und Sylvies Kumpelfreund von früher war ein wahnsinnig interessanter Mann geworden.

Sie verbrachten immer mehr Zeit miteinander, und obwohl uns Sylvie versicherte, dass alles rein freundschaftlich war, verriet das Funkeln ihrer Augen etwas ganz anderes. „Was ist los mit euch beiden, Sylvie? Du kannst mir doch nicht erzählen, dass ihr nur gute Freunde seid!" Ich sah meine Freundin prüfend an. Wir hatten uns in unserer Lieblingsbar getroffen und nippten an einem Gläschen Prosecco. „Hm, nur Freunde wohl nicht. Aber immer, wenn ich einen Schritt auf Tom zu mache, geht er wieder einen zurück“, entgegnete Sylvie.

„Vielleicht ist er sich einfach noch nicht sicher, was er genau will. Er möchte es langsam angehen lassen und das ist ja gar nicht so schlecht. Aber zu viel Zeit soll er sich auch nicht lassen, sonst schnappt dich ein anderer weg“, sagte ich und lächelte in die Richtung eines attraktiven Typen, der schon die ganze Zeit zu uns rüberflirtete. Sylvie war mit ihren langen blonden Haaren immer ein Blickfang für die Männerwelt. Trotzdem blieb Tom, ihr Mr. Right, vorerst zögerlich. Sylvie bemühte sich fast schon ein bisschen zu viel um ihn. Sie hatte sich einfach Hals über Kopf in ihren alten Freund verliebt.

Doch irgendwann war es auch Sylvie zu viel, wie eine Königin setzte sie Konsequenzen und war ein paar Tage für Tom nicht erreichbar. Doch siehe da: Tom wurde jetzt richtig nervös, nach einer Woche Funkstille schickte er Blumen. Sylvie aber blieb hart. Erst als unser ganzes Wohnzimmer voller Rosen war und uns die Blumenflut schon richtig in die Enge trieb, gab sie nach. Wir atmeten auf. Und Sylvie flog mit Tom für ein paar Tage nach Rom – und dort holte Tom Sylvie die Sterne vom Himmel.

Die Liebe ist oft ein Spiel zwischen Nähe und Distanz. Wer sich unnahbar gibt, macht sich interessant. Lesen Sie dazu noch mehr im dritten Schlüssel zum Glück: „Prinzessinnen sind geheimnisvoll! Sie verraten nicht gleich alles von sich und sind daher unwiderstehlich“

In der Welt der Märchen umweht die Prinzessinnen immer etwas Geheimnisvolles und Unnahbares. Rapunzel etwa wurde von einer alten Hexe in einen hohen Turm gesperrt, denn die Alte wollte das schöne Mädchen von allem fernhalten, um den Liebreiz Rapunzels für sich alleine zu haben. Das ist ihr jedoch nicht gelungen, denn der schöne Prinz erblickte Rapunzel auf ihrem Turm am Fenster und verliebte sich augenblicklich in das geheimnisvolle Mädchen. Auch im Märchen Dornröschen verliert der Prinz sein Herz an das unwiderstehliche Lächeln der schlafenden Prinzessin.

Weil die Liebe ein Spiel aus Nähe und Distanz ist, ist auch das Verhalten nach dem ersten Date entscheidend. Wer ruft an? Muss eine Frau auf einen Anruf warten oder soll sie selbst den ersten Schritt tun? Grundsätzlich gilt: Wenn sich ein Mann für Sie interessiert, dann meldet er sich. Auch wenn wir oft denken, dass er irgendwo im tiefsten Schneesturm steckt, ganz spontan zu einer Expedition in die Sahara aufgebrochen ist oder von höheren Mächten davon abgehalten wird, unsere Nummer zu wählen. Wenn ein Kerl nicht anruft, suchen wir gerne nach einer passenden Ausrede für ihn, manchmal machen wir uns sogar Sorgen.

Die Wahrheit ist: In den meisten Fällen will er ganz einfach nicht anrufen. Denn wenn ein Kerl uns unbedingt erreichen will, dann gelingt ihm das auch. Männer lassen nicht locker, wenn sie sich für eine Frau interessieren. Wenn wir schwer erreichbar sind, werden wir daher für sie nur noch interessanter. Lesen Sie auch dazu noch mehr im dritten Schlüssel zum Glück.

Sylvies Episode mit Tom zeigt wieder einmal, wie wichtig es ist, sich Männern gegenüber königlich zu verhalten. Denn nicht nur wir Frauen können Spielchen mit Nähe und Distanz spielen, auch die Männer führen uns an der Nase herum. Das dürfen wir aber nun wirklich nicht zulassen! Wenn Sie das Gefühl haben, dass ein Typ mit Ihnen spielt, dann ziehen Sie bitte sofort die Notbremse. Die meisten Männer kommen nach einer kleinen Funkstille erst so richtig in Schwung. Und vergessen Sie nicht: Sie sind die Prinzessin!

Gerade am Anfang sollten Sie sich nicht zu sehr um einen Mann bemühen, das kann ihn in die Flucht schlagen. Das Interesse und Engagement bei einem Date muss auf Gegenseitigkeit beruhen. Und ein kleines bisschen darf die Männerwelt schon um uns Frauen kämpfen. Wenn wir überlegen, was die Prinzen im Märchen auf dem Weg zur Auserwählten alles erleben mussten: Sie kämpften gegen Dornenhecken, wilde Stürme und böse Drachen. Da haben es die Männer heutzutage doch schon um einiges leichter!

Und nachdem auch unsere heutigen Männer immer noch ein bisschen den Abenteuer- und Jagdinstinkt aus alten Märchenzeiten haben, sollten wir ihnen diesen Spaß nicht nehmen. Wir sehen also: Nicht nur Kinder, auch wir können aus Märchen lernen. Das belegt auch die Psychologin Lauren Slater in ihren Untersuchungen zur Bedeutung von Märchen für Erwachsene.

Während Sylvie also endlich mit ihrem Tom im siebten Himmel schwebte, wanderten Alina und ich weiter auf Singlepfaden – bis Alina auf einem Flug nach Paris einen attraktiven Franzosen kennenlernte. Alain hatte mit seinem Namensvetter Alain Delon nicht nur die Attraktivität gemeinsam. Er gab sich auch geheimnisvoll und unheimlich interessant. Alina ließ sich dazu hinreißen, ihm ihre Telefonnummer zu geben und von diesem Tag an meldete sich Alain jeden Tag bei Alina.

Als er geschäftlich wieder einmal in Wien war, lud er sie zu einem Abendessen ins Hotel Bristol ein. Dort hatte er eine Suite gemietet und die beiden dinierten ganz intim. Am nächsten Tag turtelten sie wie verliebte Teenager, fuhren mit dem Fiaker durch Wien und fütterten einander mit Sachertorte. Alina schwebte auf rosa Wolken. Bevor Alain abreiste, lud er sie zu sich nach Paris ein. Alina war von Alains Charme völlig verzaubert. Die Franzosen wissen eben, wie man mit Frauen umgeht! Alina fühlte sich wie eine Prinzessin und bereits zwei Wochen später nutzte sie ein paar freie Tage für einen Abstecher nach Paris.

Während Alina sexy Dessous in ihre Tasche packte, versuchten Sylvie und ich ihr ein paar gute Ratschläge zu geben. „Du kennst ihn doch kaum. Erwarte bitte nicht zu viel“, war mein Tipp. Alina sah mich wütend an: „Was soll denn das? Willst du mir sagen, ich soll nicht viel vom Leben erwarten oder was?“ Sie war sichtlich sauer. „Alina, Schätzchen. Wir wollen nur nicht, dass du enttäuscht wirst. Geh es einfach ein bisschen langsamer an“, versuchte auch noch Sylvie ihr Ratgeberinnen-Glück. „Ihr seid doch nur neidisch. Lasst mich gefälligst in Ruhe!“, war Alinas Reaktion darauf. Wir traten den Rückzug an.

Alina war einfach nicht zu bremsen und stieg am nächsten Morgen in den Frühflieger nach Paris. Am Airport Charles de Gaulle angekommen, erwartete Alina natürlich ihren Angebeteten in der Ankunftshalle. Doch stattdessen hatte Alain seinen Chauffeur geschickt. Wahrscheinlich steckte er in einem wichtigen geschäftlichen Termin fest, Alina zeigte Verständnis. Etwas verwundert war sie allerdings, als sie von Alains Chauffeur bei einem Hotel abgesetzt wurde. Alain war eben ein Gentleman, erklärte sie sich. Außerdem war das Hotel so nobel, dass Alina sich nicht ärgern konnte. In ihrem Zimmer aalte sie sich in der Badewanne und kuschelte sich dann in den flauschigen Hotelbademantel.

In diesem Moment klingelte das Telefon. Es war Alain: „Excusez-moi, ma chérie“, entschuldigte Alain seine Abwesenheit bei ihrer Ankunft auf so charmante Weise, dass Alina dahinschmolz wie Butter in der Sonne. Abends führte Alain Alina ins „La Coupole“ zum Essen aus. Bei

Foie gras und Mousse au chocolat flirteten sie ausgiebig. Nach dem Essen folgte noch ein Spaziergang an der Seine.

Anschließend gingen sie in ihr Hotel. Alina war zwar etwas irritiert, dass sie nicht in Alains Wohnung fuhren, aber sie ließ sich nichts anmerken. Im Hotel bestellte Alain eine Flasche Champagner aufs Zimmer. „Schön, dass du da bist, ma chérie“, er sah Alina tief in die Augen. Dann blickte er auf seine Uhr: „Wir haben noch eine Stunde, dann muss ich leider weg.“

Alina war völlig perplex. Was war denn jetzt los? Hatte er nachts auch noch Geschäfte zu erledigen? „Ich muss nur zu meiner Frau und den Kindern, weißt du. Aber morgen gehen wir einkaufen, ich möchte unbedingt mit dir zu Chanel“, Alain lächelte. Alina sprang auf! Was hatte er da eben gesagt? Frau? Kinder? Da bestellte sie der Typ extra nach Paris, spielte den Verführer und dann erwähnte er so ganz nebenbei, dass er eigentlich Frau und Kinder hatte. So als wäre das die natürlichste Sache der Welt!

War das in Frankreich etwa so üblich, dass ein Mann eine Frau und gleichzeitig eine Geliebte hatte? Alina kochte vor Wut und Alain verstand die Welt nicht mehr. Er flehte Alina an, nicht abzureisen. „Alina, bitte! Ich kann dir eine kleine Wohnung kaufen. Dann musst du nicht im Hotel absteigen, wenn du mich besuchst. Und wenn du willst, bekommst du auch ein Auto“, bettelte Alain. Doch Alina packte die Koffer und verließ ihn.

Da fällt mir ein modernes Märchen ein, das viel mit der alten Geschichte von Cinderella und dem Prinzen gemeinsam hat. Der erfolgreiche Hollywood-Klassiker „Pretty Woman“ beschreibt die märchenhafte Liebe einer Prostituierten zu einem erfolgreichen Geschäftsmann. Auf wundersame Weise findet diese komplizierte Beziehung ohne Zukunft einen tröstlichen Ausgang. Julia Roberts und Richard Gere brillieren in den Rollen der erfrischend natürlichen Vivienne und des knallharten Geschäftsmanns Edward. Durch ihre schicksalshafte Begegnung verändert sich ihr Leben.

„Als ich ein kleines Mädchen war, hat mich meine Mutter, wenn ich nicht brav war, oft in mein Zimmer eingesperrt. Ich habe davon geträumt, dass mich mein Prinz rettet und befreit. Ich kann mich aber nicht erinnern, dass der Prinz gesagt hat: ‚Hör mal, Baby, ich habe eine schicke Wohnung und ein Auto für dich'", sagte Julia Roberts alias Vivienne in „Pretty Woman" und lag damit völlig richtig. Eine Prinzessin sollte sich nie mit weniger zufrieden geben, auch wenn das Angebot noch so verlockend ist. Eine Prinzessin kann und darf mehr wollen.

Es wird immer Männer geben, die man mit dieser Strategie verliert. Aber der wirkliche Mr. Right wird wie Richard Gere in „Pretty Woman" umkehren und seine Prinzessin retten. Auch Schneewittchen, Dornröschen und Rapunzel hätten sich nicht damit zufrieden gegeben, eine Zweitfrau zu sein. Eine Prinzessin erwartet eben höchste Wertschätzung und Bewunderung und hat diese auch verdient. Wir dürfen uns in diesem Fall auf keinen Kompromiss einlassen.

Alain war leider wirklich nur ein französischer Verführer und kein Richard Gere aus „Pretty Woman", der aber im Film auch keine Familie hatte. Der Franzose verließ seine Frau und die Kinder nicht, er verzichtete lieber auf Alina. Obwohl Alina zwei Tage lang wie ein Schlosshund heulte, hatte sie aus der Geschichte mit Alain doch einiges gelernt. Und sie war stolz darauf, dass sie auf Alains Angebot samt Einkaufsbummel bei Chanel und Dinner im Ritz verzichtet hatte. Sie war einfach keine Zweitfrau! Und sie wollte ihr Glück auch nicht auf dem Unglück von jemand anderen aufbauen.

Sie war die Nummer Eins, und wer das nicht verstand,

hatte in ihrem Leben keinen Platz. Alain war selber schuld! Auf zum nächsten Prinzen, lautete ihre Devise. Natürlich ist das nicht immer so leicht, denn so eine Enttäuschung muss man erst einmal verdauen. Und Liebeskummer kann sehr schmerzen; lesen Sie dazu auch im zweiten Schlüssel zum Glück: „Eine Prinzessin bekommt den Mann, den sie will. Es ist nur eine Frage des richtigen Zeitpunkts“

Die besten Erste Hilfe-Tipps gegen Liebeskummer sind noch immer: Gönnen Sie sich etwas! Kaufen Sie sich sozusagen ein Abschiedsgeschenk. Sie müssen zwar selbst dafür bezahlen, aber Sie werden sich trotzdem ein kleines bisschen besser fühlen. Manchmal muss man sich eben selbst verwöhnen, wenn es schon kein anderer tut.

Und: Seien Sie eine Prinzessin! Beenden Sie eine Beziehung so königlich wie möglich und tun Sie das, was Ihnen gut tut: ein Einkaufsbummel mit der besten Freundin, eine schöne Tasche oder ein Wellness-Wochenende. Ganz egal, was es auch ist, die Hauptsache ist, Sie fühlen sich wieder besser!

Ich habe mir nach jeder schmerzvollen Trennung ein teures Stück gekauft. Irgendetwas, was ich mir sonst nicht gegönnt hätte: eine schöne Geldtasche, ein tolles Kleid, umwerfende Schuhe. Natürlich habe ich mich finanziell nicht in Schulden gestürzt, aber Shopping ist trotzdem ein guter Frustkiller. Wenn ich diese Dinge heute sehe, muss ich lächeln.

Wie ginge es da wohl unseren Heldinnen im Märchen? Was hätte Cinderella getan, wenn sie vom Prinzen verlassen worden wäre? Wahrscheinlich wäre die gute Fee als Retterin in der Not zur Stelle. Auch im realen Leben gibt es viele gute Geister. Hilfreiche Freunde können einem über Liebeskummer gut hinweghelfen und sind oft richtige Retter in der Not. Lesen Sie auch dazu noch mehr im nächsten Schlüssel zum Glück.

Der erste Schlüssel zum Glück in Kürze

Seien Sie eine Prinzessin! Wer sich königlich benimmt, wird auch so behandelt

- Lieben Sie sich selbst! Wer sich selbst mag und schätzt, wird auch bald ein liebevolles Gegenüber finden.
- Schönheit kann man nicht kaufen! Nicht Perfektion, sondern Persönlichkeit, inneres Glück und Ausstrahlung machen uns schön.
- Bewahren Sie Haltung! Wenn Sie aufrecht durchs Leben gehen, fühlen Sie sich automatisch selbstbewusster.
- Zeigen Sie weiblichen Mut! Nutzen Sie Ihre Durchsetzungskraft und Ihren Kampfgeist. Auch die Prinzessinnen im Märchen sind emanzipiert und kämpfen, ohne auf ihre Weiblichkeit zu verzichten.
- Das Beste ist gerade gut genug für eine Prinzessin! Verlangen Sie von einem Mann Respekt und höchste Wertschätzung.
- Tun Sie sich etwas Gutes! Wenn Sie Liebeskummer haben, verwöhnen Sie sich selbst und gönnen Sie sich etwas Schönes.
- Lassen Sie Ihre Wünsche Wirklichkeit werden! Auch wenn wir manchmal nicht mehr daran glauben: Liebe wie im Märchen kann es auch im realen Leben geben.

Der zweite Schlüssel zum Glück

Eine Prinzessin bekommt jeden Mann, den sie will! Es ist nur eine Frage des richtigen Zeitpunkts

Cinderella konnte ihr Glück nicht fassen. Sie hatte sich auf den ersten Blick in den schönen Prinzen verliebt, nun sollte er endlich ihr gehören.

Gibt es eigentlich die „Liebe auf den ersten Blick"? Man sieht einen Menschen und fühlt sich ganz spontan zu ihm hingezogen, obwohl man ihn noch gar nicht kennt. Blicke treffen einander und einen Moment lang scheint alles stillzustehen. Laut neuer Untersuchungen ist dieser magische Moment allerdings nur ein Mythos. Ben Jones vom Labor für Gesichtsstudien der University von Aberdeen ist überzeugt, dass es dabei lediglich um Anziehung geht: Wir suchen Blickkontakt und tauschen ein Lächeln aus. Auch die sozialen Signale, die darauf hinweisen, wie sehr sich jemand zu einem hingezogen fühlt, sollen laut Jones von großer Bedeutung sein.

Im Märchen tauchen diese magischen Momente immer wieder auf; der Prinz war vom ersten Moment an von der wunderschönen Cinderella verzaubert und tanzte den ganzen Abend mit der unbekannten Schönen. Vielleicht sollten wir uns auch im realen Leben darauf einigen, dass es die „Liebe auf den ersten Blick" zwar nicht gibt, aber dennoch die „Verzauberung" oder die starke Anziehungskraft.

Ich kann mich noch an den Moment erinnern, als ich meinen Mann kennenlernte. Ich war mit Alina und Sylvie in unserem Stammlokal. Die beiden hatten mich dazu überredet, auf einen Drink zu gehen, obwohl ich den Abend lieber gemütlich auf der Couch verbracht hätte. Auch mein Outfit war nicht gerade überwältigend; ich trug Jeans und ein schlichtes rosa Shirt dazu. Obwohl ich mich normalerweise sehr gerne schick mache, war ich an diesem Abend ziemlich „underdressed". Wir nippten an unseren Getränken und schauten uns ein bisschen um.

„Da hinten steht ein ganz netter Typ, den habe ich noch nie gesehen“, machte mich Sylvie auf meinen Prinzen aufmerksam. Ich warf dem unbekannten Typ einen langen Blick zu und lächelte meine Freundinnen an: „Der ist wirklich ganz süß.“ Es war nicht „Liebe auf den ersten Blick“, aber ich empfand ein Gefühl von Anziehung. Außerdem war ich an diesem Tag in richtiger Flirtlaune. Der Typ sah immer wieder zu mir rüber und ich schaute zurück. Wir hatten vorerst aber nur sehr intensiven Augenkontakt, denn ein Ex-Freund einer meiner Freundinnen, der mir sein Herz ausschütten wollte, kam uns dazwischen.

Während ich versuchte, dem Ex ein paar aufmunternde Tipps zu geben, flirtete ich immer noch ungeniert mit dem Mann in der Ecke. Wir hatten aber noch immer kein Wort gewechselt. Als der unglückliche Ex meiner Freundin kurz auf die Toilette verschwand, ergriff der interessante Unbekannte seine Chance. Er kam auf mich zu und begann ein Gespräch mit mir.

Dieses Gespräch dauert jetzt beinahe zehn Jahre und ich freue mich noch immer jeden Tag darauf. Damals wusste ich natürlich noch nicht, dass mir mein zukünftiger Mann und der Vater meiner zwei Kinder gegenüber stand. Trotzdem hatte ich schon ein ziemliches Kribbeln im Bauch.

An diesem Abend verließen wir gemeinsam das Lokal, draußen regnete es in Strömen und wir tranken in einem kleinen Lokal noch einen ungenießbaren Kaffee. Bereits am nächsten Tag waren wir zum Frühstück verabredet und schon bald gingen wir abends auf ein Glas Wein. Als mich mein Mann an diesem Tag nach Hause brachte, küssten wir uns zum ersten Mal. In diesem Moment schlug wirklich der Blitz bei mir ein – ich hatte mich verliebt.

Es folgte ein wunderschöner Sommer voller Liebe und Leidenschaft. Ja, das war der Anfang meiner großen

Liebesgeschichte – aber jetzt greife ich voraus. Man soll schließlich nicht das Happy End erzählen, bevor man die Geschichte kennt!

Nun ja, auch ich hatte nicht immer so viel Glück. Eigentlich interessierten sich die Männer, die ich interessant fand, so gut wie nie für mich. Wie soll es also gelingen, dass jede Frau gerade den Mann bekommt, den sie will? Im Märchen ist das natürlich immer so: Cinderella, Dornröschen und Schneewittchen bekommen ihren Prinzen! Einfach so! Allerdings: Nur wer die Märchen wirklich kennt, weiß, dass sich auch unsere Märchenheldinnen ihr Glück erkämpfen mussten.

Es ist also nicht immer ganz so leicht, wie wir es uns vorstellen. Manchen Menschen fällt das Glück scheinbar in den Schoß, andere sind ewig auf der Suche. Meine Freundin Alina hatte nie ein Problem, einen Mann zu finden. Sie wurde immer von einer Schar von Verehrern umschwirrt und konnte sich ihren Prinz Charming einfach aussuchen. Doch was scheinbar auf den ersten Blick beneidenswert wirkte, verlor bei näherer Betrachtung auch an Glanz.

Wie wir bereits im ersten Kapitel mitbekommen haben, musste auch meine Freundin Alina viele Enttäuschungen verbuchen. Trotzdem war sie nie lange alleine und hat nun auch auf vielen Umwegen zum Glück gefunden. Heute ist Alina glücklich verheiratet und stolze Mama von zwei Kindern.

Sie müssen allerdings nicht „Superwoman“ sein. Nicht nur die Optik macht Sie interessant, sondern in erster Linie die Ausstrahlung. Selbst die tollsten Frauen können Probleme in der Liebe haben.

Der Psychologe und Bewusstseinsforscher Ruediger Schache beschreibt in seinem Ratgeber „Das Geheimnis des Herzmagneten“ die Macht der weiblichen Ausstrahlung: Nicht die Optik, sondern die Ausstrahlung zählt.

Laut Schache lässt sich wie mit einem inneren Schalter die Ausstrahlung sogar augenblicklich verbessern! Wichtig ist, dass Sie sich die Frage stellen, was Sie ausstrahlen wollen. Wenn Sie sich wie eine attraktive und interessante Frau fühlen, dann werden Sie diese Gefühle auch nach außen strahlen.

Bewusstseinsforscher haben erkannt, dass wir mit unseren Gefühlen beginnen müssen. Wer sich gut fühlt, hat auch gute Gedanken und wer positiv denkt, zieht auch Gutes in sein Leben. Beginnen wir mit einem praktischen Beispiel: Da gibt es einen Mann, für den Sie sich interessieren, allerdings scheint er umgekehrt nicht an Ihnen interessiert zu sein. Was hätte nun Cinderella getan, um die Aufmerksamkeit Ihres Auserwählten zu erlangen? Wahrscheinlich hätte sie ein schönes Lied gesungen oder vielleicht hätte sie ihren Angebeteten auch von der guten Fee verzaubern lassen.

Nun, wie sieht die Realität aus? Da es im wirklichen Leben keine gute Fee gibt, liegt es an Ihnen, Ihr Gegenüber zu verzaubern – und das können Sie mit Ihrer weiblichen Ausstrahlung. Wenn Sie eine positive Ausstrahlung haben, werden Sie auch Menschen und vor allem Männer anziehen, die Ihnen gut tun, und weniger Enttäuschungen erleben als bisher.

In der Begegnung mit anderen Menschen finden wir manchmal erst so richtig zu uns selbst. Meine Freundin Luise zum Beispiel zog immer wieder gebundene Männer an. Sie hatte zahlreiche Affären mit verheirateten Männern, die ihr immer wieder beteuerten, dass sie sich von ihrer Frau trennen würden. Die Wahrheit war, dass sich keiner von ihnen je für Luise getrennt hat. Am Ende blieb sie immer alleine übrig. Luise war unglücklich und frustriert. „Warum passiert mir das immer wieder?“, beschwerte sie sich bei mir.

Sie machte eine lange Reise und nahm sich intensiv Zeit, um zu erkennen, wo die Wurzel ihres Problems lag. Doch sie fand die Lösung nicht. Erst als sie wieder einen Mann kennenlernte, ahnte sie, wo ihr Problem lag. Auch Luises Neuer war gebunden, doch dieses Mal trennte sich ihr Geliebter von seiner Partnerin und entschied sich für Luise. Erst freute sich Luise riesig, endlich hatte sie ihr Glück gefunden. Doch dann erkannte sie, dass sie diesen Mann, jetzt wo er frei war, eigentlich gar nicht mehr wollte. Im Grunde litt Luise unter starken Bindungsängsten; weil sie sich nicht fest binden und trotzdem die Vorzüge einer Beziehung genießen wollte, hatte sie unbewusst immer Männer angezogen, die bereits gebunden waren. Sie beschloss, ganz einfach ihr Singleleben zu genießen und wurde sozusagen glücklich mit sich selbst.

Wenn wir also einen Mann nicht bekommen, den wir wollen, kann das auch daran liegen, dass wir ihn vielleicht im Grunde gar nicht wirklich wollen. Hören Sie in sich hinein. Was wollen Sie wirklich? Wer genau weiß, was er will, wird das auch leichter bekommen. Und wer direkte Signale aussendet, wird auch von Männern weniger getäuscht werden.

Auch die Selbstliebe kommt hier wieder ins Spiel; wenn Sie sich selbst lieben, werden Sie ihre Zeit auch nicht mit einem Menschen verbringen wollen, der Sie schlecht behandelt. Wer sich selbst schätzt, wird auch von anderen Respekt und Wertschätzung bekommen. Der Schlüssel zum Glück sind also wir selbst! Wenn Sie sich für einen Mann interessieren, der Ihnen gut tut, dann werden Sie ihn auch bekommen.

Mein Tipp: Finger weg von gebundenen Männern! Natürlich sind die Männer, für die wir uns interessieren, nicht immer frei wie ein Vogel. Doch bevor wir uns ganz auf einen Mann einlassen, sollte er reinen Tisch machen.

Dreiecksbeziehungen können für alle Beteiligten sehr anstrengend sein. Und es gibt genügend Frauen, die ihr Leben lang in der Rolle einer Geliebten hängen bleiben und dabei unglücklich sind.

Laut der Cinderella-Strategie bekommt jede Frau den Mann, den sie will. Wenn Sie sich also in einen Mann verlieben, der schon verheiratet ist, müssten Sie ihn wohl auch für sich gewinnen können. Aber das funktioniert nur dann, wenn Sie verlangen, dass er sich von seiner Frau trennt, bevor Sie mit ihm eine Affäre beginnen. Außerdem müssen Sie sich die Frage stellen, ob ihnen dieser Mann auch wirklich gut tut. Ist er wirklich das, was Sie wollen? Oder geht es Ihnen nur darum, das Rennen um diesen Mann zu gewinnen?

Auch meine Freundin Alina hat sich einmal Hals über Kopf in einen Mann verliebt, der verheiratet war. Er beteuerte ihr, dass er sich trennen will und sie seine einzig wahre Liebe ist. Alina war hin- und hergerissen. Sie wusste nicht, was sie tun sollte. Schließlich trennte sich ihr Angebeteter wirklich von seiner Frau – einem Happy End stand also nichts im Weg. Doch wie lange waren die beiden tatsächlich „happy ohne Ende"? Leider nicht lange, denn drei Jahre später betrog er Alina, genauso wie er damals seine Frau betrogen hatte.

Es kann also wirklich passieren, dass sich ein gebundener Mann von seiner Frau trennt. Manchmal müssen Sie jedoch später erkennen, dass er ein notorischer Fremdgeher ist. In vielen Fällen trennt sich der gebundene Mann aber nicht, sondern bleibt bei seiner Frau. Jetzt werden Sie vielleicht wütend sein und meine Theorie infrage stellen, ich behaupte allerdings: Die Cinderella-Theorie stimmt, nur der Zeitpunkt war der falsche. Wenn Sie diesen Mann wirklich aus ehrlichen Motiven wollen, wird er eines Tages zu Ihnen zurückkommen. Das beweist auch das „Gesetz der Anziehung“: Einseitige Liebe gibt es nicht. Wenn Sie sich zu einem Menschen hingezogen fühlen, wird er dieses Gefühl auch erwidern.

Auch im Märchen sehen wir, dass Prinz und Prinzessin nicht sofort zueinander finden und oft einen beschwerlichen Weg gehen müssen, bis sie ihre Liebe leben können. Wenn wir zum Beispiel an das Märchen Rapunzel denken: Erst sind der Prinz und das schöne Rapunzel durch einen hohen Turm getrennt, bis der Prinz endlich zu dem Mädchen hinaufklettern kann. „Rapunzel, Rapunzel, lass dein Haar hinunter“, fordert er das Mädchen auf. Rapunzel selbst ist gefangen im Turm und steht somit symbolisch für eine Frau, die sich in Isolation befindet. Die beiden verlieben sich ineinander.

Doch dann wird der Prinz von der Hexe, die als Symbol für alle Schwierigkeiten in einer Beziehung steht, überlistet. Sie hat die heimlichen Treffen zwischen dem Prinzen und Rapunzel entdeckt und Rapunzel in die Einöde verbannt. Als der Prinz wieder zu seiner Geliebten hinaufklettern will, erwartet ihn statt des schönen Mädchens die böse Hexe. Vor Schreck fällt er vom Turm und landet in den Dornenbüschen, sodass er sein Augenlicht verliert und jahrelang durch die Wälder irrt.

Eines Tages hört der Prinz einen wunderschönen Gesang. Er kann sein Glück kaum fassen, er hat sein Rapunzel wieder gefunden. Endlich können die beiden zueinander finden. Der Psychotherapeut Eugen Drewermann hat das Märchen von Rapunzel tiefenpsychologisch gedeutet und zeigt in seiner Theorie, dass man „manchmal die Albträume des Herzens durcharbeiten muss, bis man die Liebe leben kann“. Lesen Sie zum Märchen von Rapunzel auch mehr im siebten Schlüssel zum Glück: „Happy ohne Ende! Was passiert, wenn Sie Ihren Märchenprinzen gefunden haben“

Wenn es also ganz und gar nicht mit Ihrem Traummann klappen will oder Ihnen der Richtige noch nicht begegnet ist, handelt es sich sehr wahrscheinlich um ein falsches Timing. Der richtige Zeitpunkt kommt bestimmt! Die Frage ist nur: Was sollen Sie in der Zwischenzeit tun?

Was hat Cinderella getan, bis sie ihren Prinzen fand? Und wo hat Schneewittchen ihren Platz gefunden? Unsere Heldinnen sind starke Frauenfiguren, die sich nie hängen ließen, sondern versuchten, aus jeder Situation das Beste zu machen.

Natürlich können wir traurig sein, wenn es mit unserem Auserwählten noch nicht klappen will, und Liebeskummer kann auch eine reinigende Wirkung haben – aber das erkennen wir natürlich meist erst im Nachhinein. Auch Schneewittchen hat bei den Sieben Zwergen von ihrem Prinzen vorerst nur geträumt. Sie ahnte noch nicht, dass ihre geheime Schwärmerei in Erfüllung gehen würde. Gut, dass sie vorerst in den Sieben Zwergen liebe und lustige Freunde gefunden hatte.

Was auch Sie in einer solchen Lebenssituation brauchen, sind gute Freunde. Was wäre Schneewittchen wohl ohne ihre Sieben Zwerge passiert? Und was hätte Cinderella ohne ihre gute Fee getan und Aschenputtel ohne ihre Tauben?

Auch im wirklichen Leben haben wir Verbündete. Wichtig ist, dass wir auch um Hilfe bitten können. Nur wenn wir uns mitteilen, kann man uns helfen. Leider habe auch ich schon sehr viele Enttäuschungen und damit verbundenen Liebeskummer erlebt. Damals waren meine Freundinnen Alina und Sylvie eine wirklich große Hilfe für mich.

Hier darf ich Ihnen meine persönliche Checkliste gegen Liebeskummer verraten:

- Suchen Sie Unterstützung bei Ihren Freundinnen und nehmen Sie ihre Hilfe an!

- Tun Sie sich etwas Gutes! Verreisen Sie, machen Sie sich selbst ein Geschenk oder lernen Sie eine neue Sportart, die Sie schon immer interessiert hat. Gönnen Sie sich etwas!
- Bleiben Sie in Bewegung! Wer nur traurig zu Hause herumhängt, kann schwer einen Weg aus der Krise finden. Bewegung bringt Sie auf neue Gedanken!
- Sie dürfen wütend sein! Dieser Idiot hat so eine tolle Frau wie Sie ohnehin nicht verdient. Wenn Sie auch wütend sind, fühlen Sie sich bald besser, als wenn Sie nur traurig sind.
- Bewahren Sie Ihren Stolz! Auch Trennungen und Enttäuschungen müssen wir königlich und mit Würde tragen. Laufen Sie einem Mann nicht hinterher, respektieren Sie das „Aus“. Es muss ja nicht endgültig sein, vielleicht ist im Moment einfach nur der falsche Zeitpunkt.

Liebe ist manchmal mit Leiden verbunden, das sagt uns auch das Märchen. Sehr oft kann Liebe wehtun. Auch ich musste in meinem Liebesleben zahlreiche Enttäuschungen verkraften und erst jetzt, im Nachhinein betrachtet, kann ich darüber schmunzeln. Doch als ich selbst in der betreffenden Situation war, fand ich das gar nicht so lustig.

Wichtig ist, dass es für jede von uns ein Happy End gibt – und das sieht manchmal ganz anders aus, als wir es uns anfangs gewünscht haben. Wenn wir einen Mann unbedingt trotzdem haben wollen, dann werden wir ihn auch irgendwann bekommen. Es ist nur eine Frage der Zeit. Dazu möchte ich jetzt noch eine kleine Episode aus meinem Leben erzählen.

Als ich siebzehn Jahre alt war, verliebte ich mich Hals über Kopf in einen jungen Mann, der um vier Jahre älter war als ich. Wenn wir erwachsen sind, ist das kein Altersunterschied, aber damals war ich für Christian ein absolutes Küken und somit uninteressant. Ich versuchte verzweifelt, seine Aufmerksamkeit zu erregen, aber irgendwie wollte mir das einfach nicht gelingen.

Damals ging ich mit meinen Freundinnen nach der Schule immer wieder in ein Kaffeehaus, wo wir lernten, Kaffee tranken und nach Lust und Laune flirteten. Auch besagter Christian kreuzte dort immer wieder auf. Doch wie sollte ich mit ihm ins Gespräch kommen? Mittlerweile war es für mich zu einer fixen Idee geworden, dass ich ihn kennenlernen wollte. Sie wissen ja, wie man mit siebzehn Jahren so ist. Die Hormone spielen verrückt, man ritzt den Namen seines Schwarms ins Schulpult und verbringt den ganzen Tag mit seinen Träumen. Nur wenn die eigene Verliebtheit nicht erwidert wird, leidet man wie ein Hund.

Eines Tages kreuzten sich unsere Wege vor dem Café und ich nahm meinen ganzen Mut zusammen und sprach ihn an. Er war ziemlich nett und fragte nach meiner Nummer. Ich begleitete ihn zu seinem Auto, das er wie immer direkt vor dem Café geparkt hatte, und er notierte sich meiner Nummer. Meine Freundinnen hielten sich hinter einer Säule versteckt und applaudierten innerlich. Endlich hatte ich es geschafft!

Die schlechte Nachricht war allerdings, dass Christian mir gestand, dass er eine Freundin hatte. Doch ich ließ mich nicht irritieren und fühlte mich total siegessicher. Obwohl sich Christian meine Nummer notiert hatte und ich sehnsüchtig vor dem Telefon wartete, wollte es einfach nicht klingeln. Da haben es die Teenager von heute mit Handy und E-Mail schon leichter – wir mussten in unserer Jugendzeit noch zu Hause vor dem Telefon hocken!

Die Zeit verging und niemand rief an. Doch Christian und ich sollten uns noch öfter über den Weg laufen. Ich beobachtete aus der Ferne, wie er eine Freundin nach der anderen hatte. Mir warf er weiterhin vielsagende Blicke zu, aber das war auch schon alles. Um ihn eifersüchtig zu machen, verabredete ich mich mit ein paar von Christians Freunden. Der Effekt war, dass wir alle gemeinsam in einem Lokal saßen. Ich wurde von seinem Freund angeschmachtet, für den ich mich überhaupt nicht interessierte, und konnte Christian und seine neueste Flamme beim Knutschen betrachten.

Ich beschloss, solche Aktionen in Zukunft zu unterlassen. Mein beruflicher Weg führte mich zu diesem Zeitpunkt nach Wien, wo ich bei Austrian Airlines einen Job als Flugbegleiterin bekommen hatte – und verlor so meinen Macho-Mann oder Teenie-Schwarm aus den Augen. In der Zwischenzeit hatte ich natürlich auch andere interessante Männerbekanntschaften, doch davon später mehr. Erst Jahre später, ich war gerade Single und frustriert, weil mich mein letzter Freund betrogen hatte, traf ich Christian wieder.

Ich lächelte ihm zu und damit schien die Sache erledigt. Doch dieses Mal war der Zeitpunkt der richtige. Christian startete auf mich zu und verwickelte mich ganz charmant in ein Gespräch. Es war so, als hätte er all die Jahre nur auf mich gewartet. Das klingt wie eine perfekte Love-Story; in Wirklichkeit war es das jedoch nicht, obwohl Christian und ich fast drei Jahre lang eine intensive Affäre hatten, die irgendwann langsam auslief. Im Nachhinein betrachtet war die Geschichte eine amüsante Episode, die wieder einmal beweist, dass eine Frau jeden Mann haben kann, den sie will – es ist nur eine Frage der Zeit.

Christian wäre für mich nie ein Mann zum Heiraten gewesen, aber er war trotzdem ein wichtiger Mann in meinem Leben. Mein ganz persönliches Happy End habe ich allerdings mit einem anderen Mann gefunden: Er war der erste Mann, der mich wirklich wie eine Königin behandelt hat. Heute bin ich mit ihm verheiratet und wir haben zwei Kinder.

Auch wenn unsere Beziehung nicht immer leicht war und viele Herausforderungen für uns bereithielt, sind wir dennoch sehr glücklich miteinander. Denn mit jedem Problem, das wir gelöst haben, ist unsere Liebe noch stärker und reifer geworden. Wer in einer Beziehung keine Angst mehr vor Konfrontationen und Konflikten hat und alles offen ausdiskutiert, hat damit einen wichtigen Beziehungsschlüssel in der Hand.

Auch der Schauspieler Charlie Chaplin sagte einmal: „Wir brauchen uns nicht mehr vor Konflikten und Problemen im Leben zu fürchten, denn sogar Sterne knallen manchmal aufeinander und es entstehen neue Welten. Das ist Leben."

Ein paar wichtige Regeln, wie Sie den Partner bekommen, den Sie wollen, fasse ich hier noch einmal zusammen:

- Grundsätzlich gilt: Anziehung beruht meist auf Gegenseitigkeit. Und wenn Sie wollen, dass sich Ihr Gegenüber für Sie interessiert, dann interessieren Sie sich für sich selbst. Wenn Sie mit sich selbst unzufrieden sind oder sich langweilig finden, dann werden das vermutlich andere auch tun. Sie selbst sind der Schlüssel. Prinzessinnen respektieren sich selbst und werden auch von anderen geschätzt.
- Ihre Ausstrahlung entscheidet. Sie können jeden Mann bekommen, auch wenn Sie keine Modelmaße haben. Wichtig ist, wie Sie sich präsentieren. Natürlich sind die Prinzessinnen im Märchen wunderschön, aber in erster Linie überzeugen sie durch ihren Charakter.
- Stellen Sie keinen Mann auf ein Podest. Wichtig sind gleichberechtigte Positionen. Himmeln Sie Ihren Schwarm bitte nicht an, das ist etwas für Teenager.

Natürlich ist es schön, wenn wir uns auch als Erwachsene manchmal wie ein verliebter Teenager fühlen können, doch trotzdem sollten wir versuchen, einen kühlen Kopf zu bewahren.

- Zeigen Sie sich unnahbar, denn viele Männer mögen geheimnisvolle Frauen. Sie können natürlich auch einmal den ersten Schritt tun – doch wer einen Schritt nach vorne tut, muss wieder einen zurück machen, wenn ihm der andere nicht entgegenkommt. Männer sind Jäger, und was sie zu leicht haben können, ist nicht interessant. Wenn ein Mann nicht genau weiß, was Sie von ihm wollen, ist das perfekt. Wenn Sie ihn verwirren, faszinieren Sie ihn.
- Wenn Sie einen Mann unbedingt wollen, wägen Sie alle Für und Wider ab. Auch für uns Frauen sind Männer oft interessanter, wenn wir sie nicht haben können. Ist es wirklich Liebe? Und die nächste Frage: Wird Ihnen der Auserwählte wirklich gut tun?

Wenn es aus irgendeinem Grund trotzdem nicht funktionieren sollte, dann liegt das am falschen Zeitpunkt. Auch Märchen zeigen uns, dass es manchmal schwer sein kann, bis Held und Heldin sich endlich in die Arme schließen können. Die vergiftete Spindel im Märchen von Dornröschen, die böse Hexe bei Rapunzel oder der vergiftete Apfel bei Schneewittchen stehen symbolisch für die Bedrohungen der Liebe, die es auch im realen Leben geben kann.

Meine Freundinnen Alina, Sylvie und ich mussten diese Bedrohungen und natürlich auch die damit verbundenen Enttäuschungen sehr oft erleben. Das gehört dazu. Wichtig ist, dass man sich gegenseitig stärkt und füreinander da ist. In Frauenfreundschaften kann enorme Kraft liegen, wenn wir etwa an die Kult-Serie „Sex and the City“ denken. Aber auch Märchen zeigen uns die hilfreiche Verbindung von Frauen, zum Beispiel von Cinderella und der guten Fee.

Wenn wir Frauen unsere Energie nicht in Intrigen gegeneinander, sondern in ein starkes, motiviertes Miteinander stecken würden, könnten wir die ganze Welt erobern. Sobald bei mir und meinen Freundinnen wieder einmal die Welt aus den Fugen geriet, trafen wir uns alle in Alinas Loft. Alina kochte Unmengen von Spaghetti, wir tranken Unmengen von Prosecco und trösteten uns gegenseitig. Wir lachten und weinten, und es tat jedes Mal gut, dass wir nicht alleine waren und es gemeinsam tun konnten.

Als Sylvie ihren Traumtypen kennenlernte und am nächsten Morgen feststellte, dass besagter Typ in einer Woche heiraten wollte, waren Alina und ich sofort zur Stelle. Und als ich mich in einen Piloten verliebte, der mir das Blaue vom Himmel versprach und nur vergaß zu erwähnen, dass er seit Jahren eine feste Freundin hatte, wurde ich von meinen Freundinnen aufgefangen. Ja, Liebe kann ganz schön wehtun. Und wenn das Herz schmerzt, tut Freundschaft gut.

Manchmal dachte ich wirklich, dass ich vom Pech verfolgt wurde. Irgendwie ging alles schief. Mein Pilot meldete sich nach ein paar heißen Dates nicht mehr. Also wurde, wie üblich in diesen Fällen, eine Krisensitzung einberufen. Als Location war Alinas Loft dafür perfekt. Sylvie durfte natürlich nicht fehlen, außerdem war noch Mark mit von der Partie. Ein Mann bei einer Frauenkrisensitzung kann oft sehr hilfreich sein, vor allem, wenn es sich um einen Mann handelt, der ebenfalls auf Männer steht.

Mark war wirklich ein äußerst erfrischender Freund. Wenn mich jemand fragte, wie es ist, mit einem Schwulen befreundet zu sein, dann konnte ich darauf nur antworten: „Es ist perfekt. Du kannst mit ihm quatschen wie mit einer Frau und er bewundert dich wie ein Mann." Mark und ich hatten wirklich viel Spaß zusammen, wenn wir uns nicht gerade über enttäuschte Liebesbeziehungen hinwegtrösten mussten. Einmal verbrachten wir einen wunderschönen Tag in New York. Es war Herbst und der Central Park verströmte goldenes Licht.

Da wir beide bei der Airline arbeiteten, reisten wir oft nach New York, manchmal auch zusammen. An diesem wunderschönen Tag im Herbst schlenderten wir stundenlang durch den Central Park, wir alberten herum und redeten stundenlang. Wir ließen den Tag in einem kleinen Café in Soho ausklingen und unterhielten uns über das männliche Lokalpublikum. Auch in Liebesdingen war Mark ein guter Ratgeber und ich hoffe, dass ich es auch für ihn war.

An besagtem Abend in Alinas Loft zu meiner Krisensituation mit dem Piloten durfte Mark also unmöglich fehlen. Ich saß da wie ein Häufchen Elend und die anderen gaben gute Ratschläge. „Ruf ihn an!", Alina sah mich flehend an. „Auf keinen Fall", war Marks Tipp. „Er wird sich melden, warte einfach ab", lautete Sylvies Empfehlung. In Wirklichkeit war keiner ihrer Ratschläge wirklich sinnvoll, aber sie wollten mir helfen und das taten sie auch, denn meine Regel war überfällig und ich musste das Schlimmste befürchten. Als Übeltäter kam nur der Pilot in Frage.

Alina kochte wieder ihre Spaghetti, doch heute wurde mir davon beinahe übel, denn zum Dessert sollte ich meinen Freunden einen Schwangerschaftstest servieren. Das Ergebnis war zum Glück negativ, dafür blieb mir unser Krisenabend in positiver Erinnerung. Der Pilot hat sich nie wieder bei mir gemeldet, aber meine Freunde blieben und das war das Wichtigste: Alina als Stimmungsmacherin, Sylvie als Trostpflaster und Mark als Schmeichler.

In manchen Situationen können einem Single aber auch die besten Freunde nur sehr schwer helfen. Ich kann mich noch erinnern, dass ich einmal als einziger Single auf einer Hochzeit eingeladen war. Alina und Sylvie waren gerade frisch verliebt, Mark weilte in Übersee und bei mir lag gerade eine alte Liebe in Trümmern. Eigentlich kann eine Hochzeit auch eine tolle Gelegenheit sein, um jemanden kennenzulernen – nur in meinem Fall gab es auf der besagten Hochzeit nur innig verliebte Pärchen, die mir mitleidige Blicke zuwarfen.

Ich fühlte mich in meiner Aschenputtel-Rolle immer unwohler. Die Braut war eine liebe Arbeitskollegin von mir, deren Familie ich nicht kannte. Also blieben mir nur die Pärchen als Gesellschaft. Ich nippte an einem Glas Champagner und überlegte gerade, ob ich mir die Hochzeit nicht irgendwie schön trinken könnte. Bis zum Schluss hatte ich nach einem passenden Begleiter gesucht; doch wenn manche Männer das Wort „Hochzeit" hören, reagieren Sie unverständlicherweise richtig allergisch.

Sylvie und Alina waren mein Rettungsanker, doch Alina schmuste gerade leidenschaftlich mit ihrem neuen Verehrer und Sylvie bewunderte mit ihrem Don Juan die Aussicht. An dem einzigen freien Stehtisch stand ein Pärchen, das mich bedeutungsvoll anlächelte. Lächelnd stellten sie sich bei mir vor. „Na, da bekommt man Lust aufs Heiraten, meinst du nicht? Ich bin Laura", so stellte sich die eine Pärchenhälfte bei mir vor. Sie war übrigens ganz in Lila. „Hübsche Farbe", meinte ich mit einem Seitenblick auf ihr Kleid. „Ja, finde ich auch", sagte die andere Pärchenhälfte, deren Krawatte exakt in der gleichen Farbe war. Wenn man ein Single ist, können glückliche Paare manchmal ganz schön nerven. Zum Beispiel, wenn sie im Partnerlook gekleidet sind und blöde Fragen stellen. Paar: „Bist du schon verheiratet?"

Was soll man darauf antworten? Witzig: „Ich warte noch auf George Clooney", oder traurig: „Nein, ich habe leider noch nicht den Richtigen gefunden. Mein größter Wunsch ist es, eines Tages zu heiraten", oder provozierend: „Wenn die Ehe zwischen Frauen von der Kirche erlaubt wird, heirate ich sofort." Tja, manchmal weiß man in derartigen Situationen echt nicht, was man antworten soll. Und genau so ging es mir mit meinem Partnerlook-Hochzeitspärchen.

Bevor die beiden mich noch nach meinem Kinderwunsch – die nächste Horrorfrage für jede Singlefrau, deren biologische Uhr schon zu ticken beginnt – befragen konnten, leerte ich mein Champagnerglas in Windeseile und eilte davon in Richtung Bar. Zum Glück war wenigstens der Kellner Single.

Jeder, der schon einmal Single war oder ist, kennt solche peinlichen Situationen bei Hochzeiten oder Familienfeiern. Wenn Tante Erna fragt, wann sie Strampelanzüge stricken darf oder Onkel Fritz sich mit einem Augenzwinkern nach unserem Liebesleben erkundigt, würden wir uns am liebsten am direkten Weg ins Nirwana wünschen. Manchmal spielt es keine Rolle, ob wir jeden Mann bekommen, den wir wollen, denn oft wollen wir einfach überhaupt niemanden. Singles sind durchaus auch mit sich selber glücklich, auch wenn das kein Mensch verstehen kann.

Natürlich flirten Singles gerne. Einer der großen Vorteile des Singlelebens ist die Möglichkeit eines ungezwungenen Flirts. Doch wie flirtet man eigentlich richtig? Die Cinderella-Strategie holt sich ihre Flirttipps aus dem Märchen. Wie flirtet eigentlich eine Prinzessin?

- Seien Sie selbstbewusst! Ein starker Auftritt ist entscheidend. Wer sich in einem Lokal im hinteren Winkel platziert, muss sich nicht wundern, dass er nicht entdeckt wird. Denken wir nur an Cinderellas glanzvollen Ballauftritt!

- Lächeln Sie! Üben Sie Ihr Lächeln auch in ganz normalen Alltagssituationen. Wer viel und gerne lächelt, wird erkennen, wie sich seine Umgebung Schritt für Schritt verändert. Flirten Sie mit dem Leben und es flirtet zurück.
- Sehen Sie ihm in die Augen! Wenn Ihnen ein Mann gefällt, versuchen Sie erst einmal, einen Augenkontakt herzustellen.
- Kommen Sie ins Gespräch! Bevor Sie angesprochen werden oder Sie selbst einen Mann ansprechen, sondieren Sie die Lage durch Blickkontakt. Wer guten Blickkontakt mit einem Mann hat, kann ihn auch zuerst ansprechen. Und wenn es schon über den Augenkontakt gefunkt hat, spielen die Worte, mit denen Sie ihn ansprechen oder von ihm angesprochen werden, keine große Rolle.

Ein paar Tabus bei den ersten Sätzen gibt es allerdings schon:

- Fürchterlich: „Hey Baby, heute ist dein Glückstag!“
- Langweilig: „Kennen wir uns nicht von irgendwoher?“
- Verzweifelt: „Kannst du mir vielleicht sagen, wie spät es ist?“
- Ungesund: „Hast du mal Feuer?“

So gefällt uns das schon besser:

- Charmant: „Hey, darf ich dich vielleicht auf ein Getränk einladen?“
- Selbstbewusst: „Du gefällst mir. Ich würde dich gerne kennenlernen.“
- Interessant: „Dass mir jemand wie du heute begegnet, damit hätte ich nicht gerechnet.“

Manchmal denken Männer, dass Frauen einen möglichst intelligenten Anmachspruch suchen, doch das muss nicht immer sein. Wie toll, sexy oder intelligent ein Mann ist, können wir schließlich im folgenden Gespräch auch noch recht gut feststellen.

Und mit welchen Worten begegnen einander Held und Heldin im Märchen zum ersten Mal?

Im Märchen Cinderella waren Worte überflüssig: Der Prinz war augenblicklich von Cinderellas Schönheit gefangen. Er trat auf sie zu, um sie zum Tanz zu bitten.

Auch im Märchen Dornröschen war es ähnlich: Verzaubert betrachtete der Prinz das liebliche Gesicht von Dornröschen, das ihm schöner vorkam als alles, was er bisher gesehen hatte. Langsam näherten sich seine Lippen den ihren und er küsste sie zärtlich auf den Mund.

In einer Notlage begegneten der Frosch und die Prinzessin einander im Märchen Froschkönig. Die Prinzessin hatte ihre goldene Kugel im Brunnen verloren. „Kann ich dir helfen?", fragte der Frosch.

Im Märchen Schneewittchen verzauberte das Mädchen den Prinzen durch ihren Gesang: Als Schneewittchen den Prinzen bemerkte, erschrak sie jedoch. „Hab keine Angst, ich habe deinen schönen Gesang gehört und war verzaubert", sagte der Prinz.

Im Märchen geht es beim Kennenlernen also viel um Augenkontakt. Der Held macht der Heldin auch gerne Komplimente oder bietet seine Hilfe an. Diese Anregungen lassen sich durchaus im realen Leben umsetzen. Ein Mann, der uns ein schönes Kompliment macht, ist interessant. Und auch Männer, die uns helfen wollen, verzaubern uns.

Das schönste Kompliment der Filmgeschichte stammt für mich aus dem Hollywoodfilm „Besser geht's nicht". Der Neurotiker, gespielt von Jack Nicholson, hat sich in die Kellnerin, dargestellt von Helen Hunt, verliebt und gesteht ihr: „Wegen dir möchte ich ein besserer Mensch sein." Liebe kann uns also nicht nur schön, sondern sogar zu einem besseren Menschen machen.

Als ich meinen Mann kennenlernte, war zunächst auch ein intensiver Augenkontakt entscheidend. Zusätzlich wurde sein Jagdinstinkt geweckt, weil ich mich mit einem anderen Mann unterhielt. Denn diese Situation kann es auch geben: Sie lernen ihren Traumtypen kennen und flirten los. Doch bevor Sie noch mit dem besagten Typen ins Gespräch kommen, stellt sich Ihnen irgendein Bekannter in den Weg und will sich etwas von der Seele reden. Das passt Ihnen im Moment gar nicht. Wie können Sie ihn wieder loswerden und Kontakt mit dem Traumtypen aufnehmen?

Bleiben Sie gelassen und sehen Sie den Vorteil in der Situation. Es macht Sie noch interessanter. Außerdem können Sie hinter dem Rücken des anderen mit ihrem Traumtypen weiterflirten. Mit den Worten „Ich bin gleich wieder da" verabschieden Sie dann den Langeweiler und verschwinden Richtung Toilette. Der Traumtyp erkennt den Wink, folgt Ihnen und Sie können sich an einem anderen Standort im Lokal kennenlernen, weit entfernt vom Langeweiler.

Oder Sie sagen: „Du, ich bin gleich wieder da", lassen den Langeweiler stehen, laufen zu ihrem Traumtypen und spielen Theater: „Da bist du ja! Das freut mich aber total, erzähl, wie geht es dir? Wir haben uns ja Ewigkeiten nicht mehr gesehen!" Und leise fügen Sie noch hinzu: „Bitte, retten Sie mich vor diesem Langeweiler."

Das wäre zum Beispiel ein perfekter Anmachspruch für eine Prinzessin: „Bitte, retten Sie mich!" Das weckt den Beschützerinstinkt im Mann. Denn jeder Mann ist gerne ein Retter, nicht nur im Märchen.

In meinem Fall musste der Langeweiler selbst zur Toilette und mein Mann ergriff seine Chance und sprach mich an. Das war wirklich ein Glücksfall für mich. Aber nicht nur der erste Spruch entscheidet, wichtig ist auch, wie die weitere Unterhaltung verläuft. Bleiben Sie auf jeden Fall so locker wie möglich. Lassen Sie sich von Ihrem Gegenüber überzeugen, aber machen Sie es ihm nicht zu leicht.

Wenn Ihnen jemand die ganze Zeit von sich selbst vorschwärmt, ist er garantiert ein Frosch. Was mich an einem Mann begeistert, ist intelligenter Humor; wenn ein Mann auf scharfsinnige Weise Geschichten mit einem kleinen Augenzwinkern erzählen kann, dann klingt das verdächtig nach Mr. Right. Was mir auch gefällt, ist ein leichter Hauch von Romantik im Gespräch. Mein Mann hat mir zum Beispiel in unserem ersten Gespräch von seinen Eichhörnchen im Garten erzählt. Ich fand das irgendwie süß, wusste aber nicht, ob ich das glauben sollte. Doch es stimmte, einige Wochen später erspähte ich selbst aus seinem Schlafzimmerfenster die kleinen Eichhörnchen!

Manchmal kann es aber auch vorkommen, dass Sie mit einem Mann ein tolles erstes Gespräch haben, Sie verabreden sich zu einem Date und stellen dann fest, dass der Typ gar nicht so toll ist, wie Sie dachten. Oder noch schlimmer: Sie lernen einen Mann kennen und haben ein aufregendes Gespräch. Auch das erste Date ist spannend, doch dann zieht sich der Mann plötzlich zurück. Für Sie ist das unverständlich und Sie fragen sich, was Sie falsch gemacht haben.

Meine Freundin Sylvie war kürzlich in dieser Situation. In einem Lokal lernte sie Tim kennen. Irgendwie hatte es auf den ersten Blick zwischen den beiden gefunkt, die beiden unterhielten sich den ganzen Abend und als Sylvie nach Hause wollte, brachte Tim sie zum Auto. Zum Abschied bat er um ihre Telefonnummer. Zwei Tage später, Sylvie wurde schon ein bisschen unruhig, meldete sich Tim endlich und bat Sylvie um ein Date. Sylvie freute sich sehr und die beiden verabredeten sich auf einen Drink.

Die erste Verabredung mit einem Mann, der uns interessiert, ist immer aufregend. Wir probieren unzählige Outfits und überlegen, ob wir noch Zeit für einen Friseurtermin haben. Das perfekte Outfit für ein erstes Date ist ein Kleid, in dem Sie sich wohl fühlen. Es sollte nicht zu sexy und nicht zu extravagant sein, es sei denn, Sie sind ein sehr ausgefallener Typ. Wichtig ist, dass Sie sich nicht verkleiden, um dem anderen zu gefallen. Bleiben Sie so, wie Sie sind. Immerhin haben Sie Ihr Date ja auch so kennengelernt.

Natürlich ziehen Sie ein bestimmtes Outfit an, um zu gefallen. Aber wenn Sie von Ihrem ganz persönlichen Stil abweichen, um zu beeindrucken, dann bemerkt man das. Außerdem werden Sie sich selbst nicht wohl fühlen, dauernd an sich herum zupfen und einen unsicheren Eindruck machen. Darum ist es besser, wenn Sie sich treu bleiben, dann werden Sie auch überzeugen.

Ich bin zum Beispiel absolut kein eleganter Typ. Einmal hatte ich ein Date mit einem Typen, der nur Anzüge trägt. Was sollte ich also anziehen? Ich holte meinen Hosenanzug, den ich hauptsächlich zum Bewerbungsgespräch trage, aus dem Schrank und schlüpfte hinein. Dazu noch eine Bluse – perfekt! Doch die Wahrheit war: Ich hatte kein Bewerbungsgespräch, sondern ein Date. Das Outfit passte überhaupt nicht. Natürlich kann ich mich nicht in Jeans mit meinem Anzugtypen treffen. Aber dazwischen muss es ja auch etwas geben!

Ich wählte ein schwarzes Wollkleid und kombinierte es mit einer bunten Kette; so fühlte ich mich gleich viel wohler. Das Kleid war zwar eher klassisch, doch die bunte Kette peppte das Outfit meinem Typ entsprechend auf. Ich war zufrieden, zumindest an meinem Outfit würde das Date nicht scheitern. Wenn Sie aber absolut ratlos sind und keine Ahnung haben, was Sie anziehen sollen: Kaufen Sie sich ein neues Stück, dass Sie gut kombinieren können. In einem neuen Pullover oder in einer neuen Hose, die uns gut steht, fühlen wir uns auf Anhieb selbstbewusster.

Meistens fällt uns dazu auch eine gute Kombinationsmöglichkeit aus unserem Kleiderschrank ein und wir ersparen uns viele nervenaufreibenden Probieraktionen und meterhohe Kleiderberge, die wir dann wieder einsortieren müssen. Sehen Sie diesen kleinen Einkauf einfach als Investition. Und noch etwas: Wenn Ihnen kein Outfit gefällt, kann das auch daran liegen, dass Sie mit Ihrer Frisur unzufrieden sind. Sie kennen das sicher: Sie kommen frisch vom Friseur und fühlen sich total toll, egal welches Outfit sie tragen.

Natürlich wollen wir den Mann unserer Träume durch unser Inneres überzeugen. „Man sieht nur mit dem Herzen gut", wie Antoine de Saint-Exupéry so schön gesagt hat. Doch beim ersten Date überzeugt trotzdem die Optik. Wer sagt, dass das Äußere nicht wichtig ist, der irrt, denn ein optisches Wohlgefühl geht mit einem harmonischen Inneren Hand in Hand. Wer gut aussieht, fühlt sich auch gut und umgekehrt.

Schön ist auch, wer glücklich ist. Wenn Sie mit sich selbst im Einklang stehen, ein Outfit wählen, das zu Ihrem Typ passt, werden Sie überzeugen. Auch im Märchen spielt das richtige Outfit eine symbolische Schlüsselrolle. Was hätte wohl Cinderella ohne das schöne Ballkleid, das ihr die gute Fee auf den Leib zauberte, wohl getan?

Märchen geben dem äußeren Erscheinungsbild also ebenfalls Bedeutung – das richtige Kleid zum großen Ball mit dem Prinzen hat eine tragende Rolle. Cinderella hat sich selbst ein Kleid genäht und freut sich auf den großen

Ball. Doch die bösen Stiefschwestern zerreißen das Kleid und versuchen ihre Rivalin so an der Teilnahme zu hindern. Cinderella ist todunglücklich. Sie weiß, dass sie mit ihren alten Kleidern nicht zu diesem Ball gehen kann! Da tritt die gute Fee in Erscheinung und verzaubert die alten Kleider in eine wunderschöne Ballrobe. Im wirklichen Leben übernehmen oft Freunde die Rolle der guten Fee, sie können zum Ratgeber in Kleiderfragen werden oder uns ein Kleid für einen bestimmten Anlass leihen.

Cinderella bezaubert ihren Prinzen zunächst durch ihren schönen Auftritt. So ist es auch im realen Leben beim ersten Date. Meine Freundin Sylvie wollte bei ihrem Date mit Tim einen perfekten Eindruck machen – und eigentlich verlief alles wunderbar, wie Sylvie mir am nächsten Tag schilderte. Sie redeten stundenlang und Tim erzählte sogar etwas Persönliches von sich. Ganz untypisch für einen Mann, gab er viele Enttäuschungen in Liebesdingen zum Besten. Sylvie freute sich, dass er ihr so viel anvertraute, und war eine gute Zuhörerin.

Natürlich erzählte sie auch die eine oder andere Geschichte aus ihrem Leben. Sie verabschiedeten sich zwar ohne einen richtigen Kuss, doch sie versprachen sich ein Wiedersehen; und das sollte früher passieren als geplant. Sylvie war am nächsten Tag mit uns Mädels in ihrem Stammlokal, wo wir Alinas Geburtstag feierten. Da entdeckten wir Tim, der zu uns an den Tisch kam, allerdings einen etwas verklemmten Eindruck machte. Sylvie und er redeten ein paar Minuten, dann verabschiedete er sich etwas unbeholfen und verließ das Lokal.

Sylvie wartete am nächsten Tag vergeblich auf seinen Anruf. Sie überlegte, ob sie sich bei ihm melden sollte. Was war falsch gelaufen? Oder steckte er vielleicht in einer Notsituation und konnte sich nicht melden? Auch wenn wir uns manchmal alle möglichen Ausreden für einen Kerl zurechtlegen, der nicht anruft, liegt die Wahrheit eigentlich auf der Hand: Wenn ein Mann sich nicht meldet, dann steht er ganz einfach nicht auf uns. Das klingt hart, ist aber wahr.

Sylvie kannte diese Theorie und überlegte trotzdem fieberhaft: Das Date war doch ganz gut gelaufen, wo lag Tims Problem? Er hatte so viel von sich erzählt und ihr sein Herz ausgeschüttet. Und jetzt: Funkstille! Wie war das möglich? Sylvie wartete drei lange, quälende Tage. Doch es kam keine Nachricht von Tim.

Schließlich schickte sie ihm ein SMS. Ganz beschwingt fragte sie ihn, ob er nicht wieder Lust auf ein Treffen hatte. Die Antwort kam zwar prompt, war jedoch sehr enttäuschend. Er schrieb, dass er momentan sehr viel zu tun hätte, es aber schon irgendwann wieder mal passen würde. Dieser Idiot hatte Sylvie eine Abfuhr gegeben! Wie konnte das passieren?

Vielleicht haben Sie auch schon einmal eine ähnliche Situation erlebt. Ein Fehler in dieser Lage wäre, die Schuld bei sich selbst zu suchen. Grundsätzlich hat Tim wahrscheinlich nur kurzfristig jemanden gesucht, dem er etwas vorjammern konnte. Aber ein Mann, den wir therapieren müssen, ist garantiert ein Frosch. Lesen Sie dazu auch im vierten Schlüssel zum Glück: „Auch Prinzessinnen müssen Frösche küssen! Nehmen Sie miese Dates mit Humor“

Wichtig ist, dass man einen Frosch wie Tim schnell abhakt. Dieser Mann weiß ganz offensichtlich nicht, was er will, und hat genug Probleme mit sich selbst. Auch Sylvie folgte dieser Devise und vergaß Tim zum Glück schnell. Wenn aus einem netten Date trotzdem nichts wird, muss das nicht unbedingt an uns liegen. Manche ersten Dates verlaufen aber auch ganz großartig. Manchmal tun wir ganz ohne Plan instinktiv das Richtige. Mein erstes Date mit meinem Mann zum Beispiel begann wenig spektakulär, endete dafür aber absolut märchenhaft.

Als mich mein Mann zum besagten Date abholte, hatte er zunächst gar keinen konkreten Plan. Ich hatte erwartet, dass er in einem Lokal einen Tisch reserviert hatte und mich vielleicht zum Essen ausführen wollte. Vorsichtshalber hatte ich zu Hause nichts gegessen, was sich allerdings als Fehler erweisen sollte. Wir gingen nur auf ein Glas Rotwein ins Schlosscafé, was natürlich wieder eine romantische Location war. Irgendwie war ich mir noch gar nicht sicher, wie unser Date weiterlaufen sollte. Mein Mann hatte gefährlich viel von einem potenziellen Mr. Right, doch würde er auch das halten, was er versprach?

Nach dem Glas Wein gingen wir noch spazieren und redeten über alles Mögliche. Es war damals Mitte Juni und die Sonne ging gerade unter. Ich erinnere mich noch an ein wunderschönes rosa Abendlicht. Ich weiß nicht mehr, ob es das Abendlicht war oder der Rotwein – ich glaube, es war ein herrlich samtener Rioja –, die Stimmung war auf jeden Fall irgendwie verzaubert. Als mich mein Mann im Auto nach Hause brachte, küsste er mich im Auto vor meiner Haustüre.

Es war aber nicht einfach nur ein Kuss, es war irgendwie „der Kuss“, der mein ganzes Leben verändern sollte. Es war wunderschön, doch gleichzeitig ein wenig beängstigend. Ich flüchtete aus dem Auto in meine Wohnung, ohne ihn zu fragen, ob er mit raufkommen wollte. Irgendwie tat ich das damals nicht als Strategie, sondern ganz impulsiv, weil mich dieser wahnsinnig tolle Kuss total überrascht hatte. Doch im Nachhinein betrachtet hatte mein damaliger Abgang sehr viel von dem Märchen „Cinderella“. Der einzige Unterschied war, dass ich keinen Schuh verlor. Doch bei der Eile, mit der ich aus dem

Auto gesprungen war, wäre ein verlorener Schuh durchaus möglich gewesen.

Grundsätzlich war es ein starker Abgang, auf den ich stolz sein konnte. Auch die Cinderella-Strategie empfiehlt beim ersten Date keinesfalls Sex. Natürlich bestätigen Ausnahmen immer die Regel. Grundsätzlich machen Sie sich wahnsinnig interessant und unwiderstehlich, wenn Sie das erste Date nach einem leidenschaftlichen Kuss geheimnisvoll beenden. Dazu finden Sie auch wieder mehr im nächsten Schlüssel zum Glück: „Prinzessinnen sind geheimnisvoll! Sie verraten nicht gleich alles von sich und sind daher unwiderstehlich“

Auf jeden Fall hatte ich mich nach diesem atemberaubenden Kuss in meinen heutigen Mann Hals über Kopf verliebt. Irgendwie sagte mir mein Bauchgefühl, dass ich meinen Märchenprinzen gefunden hatte.

Der zweite Schlüssel zum Glück in Kürze

Eine Prinzessin bekommt jeden Mann, den sie will! Es ist nur eine Frage des richtigen Zeitpunkts

- Liebe auf den ersten Blick ist eine Illusion! Es gibt jedoch durchaus eine Anziehung auf den ersten Blick, die meist auf Gegenseitigkeit beruht.
- Finger weg von gebundenen Männern! Sollten Sie sich dennoch in einen Mann verlieben, der vergeben ist, verlangen Sie, dass er sich von seiner Partnerin trennt, bevor Sie eine Beziehung mit ihm beginnen. Andernfalls haben Sie die schlechteren Karten.
- Verlassen Sie sich auf Ihre Freundinnen! Liebe ist manchmal mit Leiden verbunden. Gute Freunde können bei Liebeskummer oft sehr hilfreich sein. Auch im

Märchen hat Cinderella mithilfe der Mäuse und der guten Fee letztendlich zum Glück gefunden.

- Himmeln Sie einen Mann nicht an, auch wenn Sie ihn unbedingt haben wollen! Er wird auf Sie zukommen, es ist nur eine Frage des Timings.
- Sorgen Sie beim ersten Date für einen perfekten Auftritt! Natürlich wollen Sie Ihren Mr. Right durch Ihre inneren Werte überzeugen, doch wenn Sie jemanden noch nicht kennen, punkten Sie vorerst durch Ihre Optik. Auch im Märchen spielt Cinderellas Outfit beim großen Ball eine symbolische Schlüsselrolle.
- Warten Sie ab! Natürlich können Sie auch als Frau einmal den ersten Schritt tun. Trotzdem gilt: Wenn sich ein Mann für Sie interessiert, wird er sich auch bei Ihnen melden.
- Sorgen Sie nach dem ersten Date für einen glanzvollen Abgang! Je geheimnisvoller Sie sich geben, desto interessanter werden Sie für ihn. Lassen Sie sich den gläsernen Schuh von Ihrem Prinzen bringen.

Der dritte Schlüssel zum Glück

**Prinzessinnen sind geheimnisvoll!
Sie verraten nicht gleich alles von
sich und sind daher unwiderstehlich**

Als es Abend wurde, wollte das geheimnisvolle und wunderschöne Mädchen fort. Der Prinz hatte den ganzen Abend mit ihr getanzt und war ihr längst verfallen. Er versuchte, sie aufzuhalten. Doch Cinderella eilte davon. Auf der Treppe verlor sie allerdings einen ihrer gläsernen Schuhe. Der Prinz fand den Schuh, hob ihn auf und beschloss, die schöne Unbekannte zu suchen.

Wir alle kennen diese Szene aus dem Märchen Cinderella. Einerseits will Cinderella von dem schönen Königssohn flüchten und andererseits hinterlässt sie ihm trotzdem ein Pfand. Sie gibt damit dem suchenden Märchenprinz ein Zeichen. Niemand weiß, ob es nur ein Missgeschick oder doch Absicht war. Auf jeden Fall sollte das Schicksal seinen Lauf nehmen.

Das Motiv findet sich auch im alten Mythos von Hermes wieder. Der Götterbote liebte Aphrodite leidenschaftlich, fand aber bei ihr kein Gehör. Zeus hatte Mitleid mit ihm und sandte einen Adler, der eine von Aphrodites Sandalen stehlen sollte, als sie in einem Fluss badete. Der Adler lieferte die Sandale bei Hermes ab und Aphrodite konnte den geraubten Schuh erst wieder bekommen, als sie Hermes Liebesdrängen erhörte.

Und so wären wir schon beim dritten Schlüssel zum Glück: Prinzessinnen sind geheimnisvoll! Sie verraten nicht gleich alles von sich und sind daher unwiderstehlich. Wer trotz geheimnisvoller Aura ein Zeichen setzt, ist für die Männerwelt sehr interessant.

Der Prinz hält den gläsernen Schuh in seiner Hand, sein Beweis dafür, dass die geheimnisvolle, schöne Unbekannte auch wirklich existiert. Sie ist nicht nur ein feenhaftes Wesen, das ihm immer wieder entwischt, sondern es muss sie auch wirklich geben. Und hat er erst den anderen Schuh, hat er sie praktisch schon selbst.

Auch im wirklichen Leben ist es nicht anders. Im zweiten Schlüssel zum Glück (Eine Prinzessin bekommt jeden Mann, den sie will! Es ist nur eine Frage des richtigen Zeitpunkts) habe ich bereits von meinem ersten Date mit meinem heutigen Mann erzählt. Damals gelang mir nach unserem ersten Kuss ganz unvorbereitet ein bühnenreifer Abgang. Ich hatte ihn nicht inszeniert, sondern war nur meiner Intuition gefolgt. Doch aus heutiger Sicht betrachtet, lag ich mit meinem Bauchgefühl damals völlig richtig. Eine Frau, die erst innig küsst und dann davoneilt, ist wahrscheinlich das Interessanteste, was einem Mann passieren kann.

Gerade am Anfang einer Beziehung kann man sich noch ein bisschen geheimnisvoll geben. Wer bereits beim ersten Date von all seinen schlechten Erfahrungen in Liebesdingen erzählt und sein Leben ausbreitet wie ein offenes Buch, überfordert sein Gegenüber rasch.

Einmal lernte ich einen netten Mann kennen, den ich jedoch bei unserem ersten Treffen gleich völlig in die Flucht schlug, weil ich ihm alles über meinen Exfreund und seine Seitensprünge erzählte. Ich war eine fürchterliche Quasselstrippe und redete den armen Mann völlig unter den Tisch. Die meiste Zeit bemerkte ich gar nicht, dass mein Gegenüber schon ein etwas gequältes Lächeln hatte. Als sein Handy läutete, nutzte er seine Chance und flüchtete vor mir.

Ich ärgerte mich fürchterlich über ihn und überlegte lange, was da wohl schiefgelaufen war. Dieses Mal fand ich den Fehler aber bei mir und lernte aus der Episode. Exfreunde sind beim ersten Date als Gesprächsthema auf jeden Fall fehl am Platz. Selbst wenn wir über sie schimpfen, sollten wir das auf keinen Fall in Gegenwart unseres neuen Kandidaten tun. Zum Glück gibt es auch Freundinnen, mit denen wir herrlich über unsere Exfreunde herziehen können.

Meiner Freundin Sylvie passierte kürzlich die umgekehrte Situation. Sie lernte Frank als neuen Kunden ihrer Werbeagentur kennen. Blond, blauäugig, sportlich und einfach unwiderstehlich schien dieser Frank ein potenzieller Anwärter als Mr. Right an Sylvies Seite. Nach ihrem Geschäftsmeeting gingen die beiden noch auf ein Glas Champagner in die Onyx Bar. Der Blick über die Dächer der Wiener Innenstadt und das Prickeln des Champagners beflügelten Sylvie. Sie war in bester Flirtlaune.

Doch plötzlich offenbarte ihr Frank sein komplettes Seelenleben. Und vor allem beklagte er sich bei Sylvie über seine Exfrau, die ihn auf gemeine Weise hintergangen hatte. Erst freute sich Sylvie, dass er seine Sorgen mit ihr teilte, doch irgendetwas stimmte trotzdem nicht. Sylvies heiße Flirtlaune war schlagartig abgekühlt. Sie traf sich noch einmal mit Frank zum Abendessen im Restaurant Fabios. Doch so lecker die Garnelen samt Pasta auch schmeckten, für Frank gab es wieder nur ein Thema: seine Exfrau.

Sylvie beschloss, Frank abzuschreiben. Zwei Tage später begegnete sie Frank wieder – und zwar in einem Dessousgeschäft. Er war dort in Begleitung seiner Frau, es sah für Sylvie verdächtig nach Versöhnung aus und sie konnte sich nur mehr heimlich aus der Kabine schleichen. Ihre Vermutung hatte sich bestätigt: Franks Jammer über seine Exfrau war nur ein Zeichen dafür gewesen, dass er sie eigentlich immer noch interessant fand.

Ob die beiden eine Zukunft hatten, das sei dahingestellt. Aber Sylvie hatte keine Lust, diesen Mann zu therapieren. Und auch im umgekehrten Fall haben Männer meist keinen Spaß daran, schon bei den ersten Dates nur Probleme zu wälzen. Eine junge Liebe soll eine gewisse Leichtigkeit haben. Das bedeutet allerdings nicht Oberflächlichkeit. Aber Liebe braucht Magie und Zauber.

Liebe sehnt sich nach einem Hauch von Märchen und da darf es ruhig ein bisschen geheimnisvoll zugehen.

Auch in einer dauerhaften Partnerschaft können kleine Geheimnisse nicht schaden. Das hat aber nichts damit zu tun, dass man seinen Partner hintergehen soll. Damit Monogamie jedoch auch wirklich aufregend sein kann, müssen wir unseren Partner immer wieder überraschen und er uns. Wenn Sie Ihren Märchenprinzen gefunden haben, wird er das Beste aus Ihnen herausholen. Lesen Sie dazu auch mehr im fünften Schlüssel zum Glück: „Der Schuh muss passen! Investieren Sie Ihre Energie nur in einen Mann, der es auch wert ist"

Am schönsten ist es, wenn man selbst erkennt, wie man an einer Beziehung wachsen kann. Als ich meinen Mann kennenlernte, habe ich zum Beispiel mein ganzes Leben auf den Kopf gestellt. Ich arbeitete seit Jahren bei einer Airline als Flugbegleiterin und führte ein aufregendes Leben. Heute Paris, morgen New York und nächste Woche Tokyo – ich hatte einen großen Freundeskreis und viele Verehrer. Doch plötzlich hatte das alles seine Bedeutung verloren. Ich erkannte, dass ich ein sehr oberflächliches Leben geführt hatte.

Mein eigentliches Talent, meine Berufung zum Schreiben, hatte ich in all den Jahren aus den Augen verloren. Erst durch meinen Mann, der ein leidenschaftlicher Musiker ist, erkannte ich, wie schön es war, wenn man seinen Traum lebt. Also verwirklichte auch ich meinen Traum. Ich kündigte meinen langjährigen Job und begann bei einer Zeitung zu arbeiten. Es gab keine Flüge mehr um die Welt, die Suche hatte ein Ende; ich hatte mich selbst wieder gefunden.

Und so hatte mich das Leben selbst überrascht und mir eine neue Seite von mir gezeigt. Auch meinen Mann hatte ich überrascht. Manchmal kann sich die geheimnisvolle

Seite einer Beziehung auch dadurch offenbaren, dass man sich gegenseitig verblüfft. Auch mein Mann hat mir eine neue Seite von sich gezeigt: Eigentlich standen weitere Kinder und eine Ehe nicht in seinem Lebensplan, doch durch mich hat er seine Meinung geändert.

Er erkannte, dass ihn eigentlich nicht das Alleinsein glücklich macht, sondern die Zweisamkeit und heute die Viersamkeit – wir sind mittlerweile stolze Eltern von zwei Kindern. Aber dazu mehr im siebten Schlüssel zum Glück: „Happy ohne Ende! Was passiert, wenn Sie Ihren Märchenprinzen gefunden haben"

Ich will nicht sagen, dass eine dauerhafte Liebe und Partnerschaft keine intensive Arbeit verlangt. Doch in diesem Fall handelt es sich um eine schöne Aufgabe, an der Sie selbst wachsen können.

Aber jetzt wieder zurück zum Beginn einer Liebe: Wie können wir uns für unseren Angebeteten möglichst interessant und unwiderstehlich machen? Im ersten Schlüssel zum Glück haben wir erfahren, dass wir uns königlich und selbstbewusst verhalten sollen. Wer sich selbst liebt, wird auch von anderen geliebt. Und der dritte Schlüssel zum Glück rät uns: Prinzessinnen sind geheimnisvoll! Sie verraten nicht gleich alles von sich und sind daher unwiderstehlich.

Auch das Märchen präsentiert uns die Heldinnen in einer vorerst geheimnisvollen und daher für die Prinzen unwiderstehlichen Position. Rapunzel ist von ihrem Prinzen durch einen hohen Turm getrennt. Doch diese symbolische Unerreichbarkeit bestärkt den Wunsch des Prinzen, das Herz des Mädchens zu erobern, nur noch mehr. Im Märchen Schneewittchen wagt sich der Prinz über die Grenzen des Todes hinaus, um das wunderschöne Mädchen durch einen Kuss zum Leben zu erwecken. Und auch im Märchen Cinderella weiß der Prinz nicht, in wen er sich verliebt. Die schöne Unbekannte fasziniert ihn, ganz besonders durch ihr gekonntes Spiel aus Nähe und Distanz.

Jetzt stellt sich natürlich die Frage, ob wir in der Liebe wirklich immer spielen müssen. Liebe ist doch eine ernste Sache! Sind Spiele da nicht fehl am Platz? Die Antwort ist Nein! Allerdings soll es sich nicht um Spiele im negativen Sinn, sondern im positiven Sinn handeln. Liebe braucht eine gewisse Leichtigkeit, damit sie uns Flügel verleiht. Wer kokettiert und den anderen ein kleines bisschen verwirrt, bringt Leichtigkeit in die Liebe.

Wenn Männer nicht immer ganz genau wissen, woran sie bei uns sind, haben wir sie direkt in unseren Bann gezogen. Während wir Frauen es meist nicht so gerne mögen, wenn Männer scheinbar mit uns spielen, machen wir uns bei den Männern durch ein Spiel aus Nähe und Distanz erst richtig interessant. Wichtig ist allerdings, dass wir das Spiel auch genießen und es als Teil unseres Flirts sehen.

Wir Frauen haben auf Männer viel mehr Einfluss, als wir ahnen. Wir müssen ihn nur richtig und gezielt mit weiblicher Raffinesse einsetzen. Heutzutage mag man oft glauben, dass wir Frauen die uralten Tricks der Weiblichkeit verlernt hätten. Doch wir können uns die Männer angeln wie einen Fisch, wenn wir das wollen. Gerade weil Frauen von der Venus sind und Männer vom Mars, wie John Gray in seinem Bestseller über Partnerschaftsfragen gekonnt beschreibt, haben wir sehr viel Macht über die Männerwelt. Der erste Schritt ist, dass wir es den Männern nicht zu leicht machen.

Müssen wir manchmal wirklich für die Männer unerreichbar sein? Verlieren sie dadurch nicht ihr Interesse? Die Antwort ist wieder Nein! Wenn sich ein Mann für eine Frau interessiert, wird er sich davon nicht abhalten lassen. Im Gegenteil: Eine Frau, die etwa sexuell schwer zu haben ist, steigt in der männlichen Wertschätzung. Es kommt immer darauf an, was man will. Wer ein schnelles Sexabenteuer sucht, braucht diese Regeln natürlich nicht zu beachten. Wer aber den Mann fürs Leben finden möchte, sollte noch ein bisschen warten.

Sex beim ersten Date ist in diesem Fall also tabu. Es passiert immer wieder, dass Männer sich nach der ersten gemeinsamen Nacht nicht mehr melden. In den meisten Fällen tritt das ein, weil das Abenteuer zu schnell passiert ist. Wenn Sie allerdings einen Mann eine Woche zappeln lassen, minimieren Sie das Risiko, dass er sich nach dem Sex nicht mehr meldet.

Männer wollen Frauen begehren. Wenn sie nicht sofort bekommen, was sie wollen, wird es nur interessanter. Trotzdem stellt sich die Frage: Kann sich aus einem One Night-Stand die große Liebe entwickeln? Wenn wir an die Kultserie „Sex and the City“ denken, fällt uns ein, dass Carrie und Mr. Big, das märchenhafte Traumpaar, beim ersten Date Sex hatten. Und trotzdem hat es geklappt. Allerdings ist die Beziehung zwischen den beiden über viele Jahre sehr kompliziert. Wäre es einfacher gewesen, wenn Carrie Mr. Big zu Beginn länger hätte zappeln lassen? Das ist fraglich.

Grundsätzlich müssen wir auf unsere innere Stimme hören. Wenn wir selbst nur an einem Abenteuer interessiert sind, ist es kein Problem, wenn wir schneller zur Sache kommen. Wenn wir aber den Mann fürs Leben suchen, sollten wir uns besser ein bisschen Zeit lassen und die Sache dadurch spannender machen. Die Sexualität ist die deutlichste Ausdrucksform des Mannseins und Frauseins und der schöpferischen Begegnung zwischen Mann und Frau.

Auch in vielen Märchen wird das Thema Sexualität symbolisch dargestellt, etwa im Froschkönig. Alles beginnt ganz harmlos:

In den alten Zeiten, wo das Wünschen noch geholfen hat, lebte ein König, dessen jüngste Tochter so schön war, dass die Sonne selbst, die doch schon vieles gesehen hatte, sich verwunderte, so oft sie ihr ins Gesicht schien. Nahe dem Schloss war ein großer Wald und neben dem Wald befand sich ein Brunnen. Manchmal kam die wunderschöne Königstocher, setzte sich an den Brunnenrand und spielte mit einer goldenen Kugel. Eines Tages rutschte dem Mädchen die Kugel aus der Hand und fiel in die dunkle Tiefe des Brunnens.

Die Kugel versank in den Tiefen des Brunnens und die Königstochter war verzweifelt. Doch wie sie da am Brunnenrand saß und jammerte, erblickte sie plötzlich einen Frosch, der sie ansprach: „Was hast du, schönes Mädchen. Warum bist du traurig?“, fragte der Frosch. Da erklärte ihm das Mädchen, dass es seine wunderschöne goldene Kugel im Brunnen verloren hatte.

Der Frosch bot seine Hilfe an, allerdings unter einer Bedingung: Er wollte, dass sie ihn lieb hätte, ihn an ihrem Tisch essen ließe und er in ihrem Bettchen schlafen dürfte. Die Königstocher versprach dem Frosch alles, was er wollte, nur damit sie ihre geliebte Kugel wieder bekommen könnte. Der Frosch holte die Kugel und die Königstochter war voller Freude. Sie hob die goldene Kugel auf und rannte damit fort. „Warte, warte“, rief der Frosch, doch das Mädchen hörte nicht auf ihn und eilte zurück ins Schloss.

Am nächsten Tag, als sie mit dem König und den anderen Hofleuten an der großen Tafel saß und von ihrem goldenen Tellerchen aß, da kam, pitsch patsch, etwas die Marmortreppe heraufgekrochen und als es oben angelangt war, klopfte es an die Türe und rief: „Königstochter, mach mir auf!“ Das Mädchen hatte den Frosch schon völlig vergessen, sie lief zur Türe und wollte sehen, wer da stand.

Als sie aber den Frosch sah, warf sie die Türe entsetzt zu. Der König sah, dass seine Tochter erschrocken war, und fragte sie nach dem Grund. Da erzählte die Königstochter die ganze Geschichte von ihrer goldenen Kugel und dem Frosch. Und sie erwähnte auch, was sie dem glitschigen Frosch versprochen hatte.

„Was du versprochen hast, das musst du auch halten", sagte der König und befahl seiner Tochter, den Frosch hineinzulassen. Der Frosch setzte sich zu ihr an den Tisch und speiste mit der feinen Gesellschaft. Doch als das Essen vorbei war, wollte er in das Zimmer der Prinzessin. Oben angekommen, verlangte er, ins Bett gehoben zu werden. Doch da wurde es der Prinzessin zu viel. Voller Wut packte sie den Frosch und warf ihn gegen die Wand. Doch als er herabfiel, war er kein Frosch mehr, sondern ein wunderschöner Prinz. Da erzählte er ihr, er wäre von einer bösen Hexe verzaubert worden und niemand hätte ihn aus dem Brunnen erlösen können als sie allein. Die Königstocher verliebte sich sofort in den schönen Prinzen und die beiden feierten Hochzeit. Und wenn sie nicht gestorben sind, leben sie noch heute.

Die Königstochter symbolisiert mit ihrer goldenen Kugel und ihrem behüteten und reichen Elternhaus die heile Welt, während der Frosch in den Tiefen des Brunnens ein Zeichen für die dunkle Seite sein soll. Der renommierte Paartherapeut Hans Jellouschek hat das Märchen analysiert; er beschreibt einerseits die sexuelle Begegnung von Froschmann und Prinzessin-Frau und zeigt, wie Liebe gelingen kann, wenn wir das „Ich liebe dich, weil ich dich brauche" umkehren zu „Ich brauche dich, weil ich dich liebe".

Auch im realen Leben findet man Frauen in der Prinzessinnenrolle und Männer, die die Position des Frosches übernehmen. Jellouschek sagt in seinem Buch „Liebe und

Glück im Märchen", dass das Märchen vom Froschkönig etwas sehr Grundlegendes über Beziehungskonflikte und den Sinn von Paarbeziehungen aussagt. Nach dem Motto „Gegensätze ziehen sich an" finden sich der Frosch und die schöne Königstochter. Der Frosch bietet seine Hilfe an und die Königstochter willigt großzügig in seine Forderungen ein. Als er jedoch seine Gegenleistung verlangt, will sich die Königstochter zurückziehen.

Doch der Frosch drängt weiter, er verlangt, in das Zimmer der Königstochter getragen zu werden. Er sucht nach sexueller Verschmelzung, doch die Prinzessin stößt ihn zurück. Sie will nicht, dass ihr reines Bett befleckt wird, und lehnt den Frosch und seine Wünsche ab. Und sie bringt den Mut auf, sich gegen ihn zu wenden und führt somit die Verwandlung herbei.

Im Märchen geht das alles sehr schnell und auf einen Schlag, was in realen Leben meist nicht möglich ist. Doch auch im wirklichen Leben kann es Schlüsselerlebnisse geben, durch die mit einem Mal alles anders und besser werden kann. Die Königstochter lässt im Märchen ihre Wut zu und setzt sie in kraftvolles Handeln um. Die Geschichte zeigt, dass sie dem Frosch nicht hilft, indem sie seine Wünsche erfüllt, sondern nur, indem sie ihn zurückstößt. Erst durch ihre Abweisung konnte sich der Frosch in einen Prinzen verwandeln.

Wichtig ist, dass wir in der Liebe auf unsere Bedürfnisse achten und selbstbewusst auftreten. Auch die Sexualität wird oft als Machtspiel genutzt. Sie sollten keinesfalls mit einem Mann intim werden, wenn Sie noch nicht dazu bereit sind. Auch wenn Sie Angst haben sollten, dass sich betreffender Mann abgewiesen fühlt. Männer können Abweisung sehr gut verkraften. Und wenn sie wirklich an einer Frau interessiert sind, wird diese Abweisung ihr Bemühen nur noch verstärken.

Auch umgekehrt erleben wir diese Situation. Etwa, wenn sich ein Mann für uns interessiert, den wir eigentlich gar nicht haben wollen. Erst wenn sich dieser Mann von uns abwendet und uns nicht mehr hofiert, wird plötzlich unser Interesse geweckt.

Meine Freundin Sylvie hatte einmal einen sehr emsigen Verehrer. Es war ein Kollege aus ihrer Agentur, der sie anbetete. Er schickte ihr Liebesmails und arrangierte Blumen auf ihrem Schreibtisch. Sylvie selbst war sein Tun so unangenehm, dass sie für ihn nur Abneigung empfand. Eines Tages kamen allerdings keine Mails mehr, ihr Verehrer hatte sich zurückgezogen. Zunächst war Sylvie natürlich erleichtert, doch dann musste sie sich eingestehen, dass irgendetwas fehlte. Sie begann, ihren ehemaligen Verehrer aus einer anderen Perspektive zu betrachten. Irgendwie vermisste sie plötzlich seine Mails und den Duft von frischen Blumen auf ihrem Schreibtisch.

Erst die Ablehnung ihres Verehrers hatte ihn für sie interessant gemacht. Jetzt war Sylvie an der Reihe und musste einen Schritt auf ihn zu machen. So bat sie ihren ehemaligen Verehrer um ein Date. Erst war es nur ein gemeinsames Essen in der Mittagspause, dann verabredeten sich die beiden auch in der Freizeit und verliebten sich ineinander. Ihre Liebesbeziehung hielt zwar nur drei Jahre, doch die beiden sind auch heute noch gut befreundet.

Bestimmt haben Sie auch schon viele schöne Beziehungen erlebt, die dann leider aus unterschiedlichen Gründen wieder beendet wurden. Bitte betrachten Sie diese scheinbar schlechten Erfahrungen nicht als Enttäuschungen, sondern lieber als wertvolle Erfahrung. In jeder Phase unseres Lebens brauchen wir etwas anderes.

Natürlich gibt es unseren Mr. Right, unseren Märchenprinzen. Doch bis wir ihn gefunden haben, können wir in der Zwischenzeit auch mit jemand anderem glücklich sein. Manchmal weiß man nicht sofort, ob ein Mann der Richtige ist. Wir beginnen eine Beziehung aus einer Kompromisslage und entdecken dann vielleicht nach einiger Zeit, dass der Mann an unserer Seite bereits der Märchenprinz ist – obwohl wir es zu Beginn nicht für möglich gehalten hätten.

Als meine Freundin Alina ihren Mann kennenlernte, war es zunächst auch nicht Liebe auf den ersten Blick. Was ihr an Gregor aber so besonders gut gefiel, waren seine Liebenswürdigkeit und sein Bemühen. Er bewunderte Alina, also begann Alina, ihn zu bewundern. Gregor war ganz anders als alle Männer, die Alina bisher getroffen hatte. So war auch ich als gute Freundin am Anfang sehr skeptisch. Heute jedoch kann ich zu Alina sagen: „Du hast den besten Mann, den ich mir für dich wünschen kann." Obwohl Alina am Anfang auch Zweifel hatte, ob Gregor wirklich ihr Mr. Right war, könnte sie heute nicht glücklicher sein.

Die beiden sind nun schon seit sieben Jahren verheiratet, haben zwei Kinder und führen ein harmonisches und glückliches Leben. Während ich in meiner Ehe auch viele Berg- und Talfahrten erlebe, segeln Alina und Gregor so gut wie immer auf Wolke Sieben. Ihre Beziehung und ihre Liebe sind über die Jahre gewachsen und heute sind die beiden mein persönliches Vorbild für eine glückliche, krisensichere Liebesbeziehung.

Alina hat für Gregor und die Kinder ihren Job bei der Airline, den sie so geliebt hat, aufgegeben. Doch sie hat diesen Entschluss nie bereut. Heute arbeitet Alina mit ihrem Mann, der eine eigene Firma hat, zusammen. Außerdem kümmert sie sich um ihre Kinder und das Haus. Während mich manchmal das Fernweh packt und ich mit meinem Mann und den Kindern unbedingt reisen muss, ist Alina auch zu Hause entspannt und glücklich. Ja, ich finde sie in vielen Dingen bewundernswert.

Wenn wir jetzt an den Anfang der Beziehung zurückblicken, erkennen wir auch wieder das bewährte Muster. Eine Frau zeigt sich zu Beginn ein bisschen unnahbar und wird daher unwiderstehlich. Gregor verliebte sich sofort in Alina, sie war sich noch nicht ganz sicher und wurde daher für Gregor nur noch interessanter. Doch irgendwann wurde Gregors Bewunderung der Spiegel für ihre eigene. Sie begann, ihn zu bewundern und zu lieben – möglicherweise für ein ganzes Leben. Es gibt also viele Wege zum Glück. Lesen Sie dazu noch mehr im fünften Schlüssel zum Glück: „Der Schuh muss passen! Investieren Sie Ihre Energie nur in einen Mann, der es auch wert ist"

Aber nun wieder zurück zum dritten Schlüssel zum Glück. Wer sich geheimnisvoll wie Cinderella gibt, wird also unwiderstehlich. Wichtig ist aber, dass wir nicht unnahbar für Männer werden, denn Unnahbarkeit finden Männer im Allgemeinen nicht so prickelnd. Männer bezeichnen unnahbare Frauen auch gerne als arrogant und verlieren schnell das Interesse an ihnen.

Als ich letztens wieder einmal mit einer Runde Freundinnen unterwegs war, konnte ich das sehr gut beobachten. Meine Freundin Carina ist zum Beispiel ein extrovertierter Typ, sie kommt schnell mit Männern ins Gespräch und ist allgemein sehr selbstbewusst. Sylvie und Anja geben sich gerne ein bisschen zugeknöpfter. Sie reden nicht so schnell mit einem Mann, wenn er nicht ihren Kriterien für Mr. Right entspricht. Grundsätzlich würde ich sagen, dass Carina mit ihrer lockeren Art bei den Männern viel besser punkten kann als Sylvie und Anja, obwohl die beiden attraktiver sind. Carina gibt sich zwar auch gerne ein bisschen geheimnisvoll und erzählt nicht sofort jedes Detail aus ihrem Leben, das hindert sie aber nicht daran, nach Herzenslust zu flirten.

Und das ist der springende Punkt: Singles, die keine Lust am Flirten haben, werden ihren Märchenprinzen sehr schwer finden. Der Tipp der Cinderella-Strategie lautet: Haben Sie Spaß und flirten Sie, so viel Sie wollen! Sie können dabei natürlich trotzdem geheimnisvoll bleiben. Arroganz und Unnahbarkeit sind allerdings ein absolutes No-Go.

Auch im Märchen haben die Prinzessinnen Interesse am Prinzen gezeigt. Das Märchen Rapunzel symbolisiert das gekonnte Verhältnis aus Nähe und Distanz. Einerseits weilt Rapunzel im Turm und birgt ein Geheimnis. Andererseits lässt sie ihren Zopf für den Prinzen herunter.

Wenn ein Mann mit Ihnen ins Gespräch kommen will, ignorieren Sie ihn nicht völlig, auch wenn er auf den ersten Blick nicht ihr Prinz Charming ist. Man kann eine Abfuhr auch charmant erteilen! Und nicht vergessen: Der Frosch könnte ja einen Prinzen zum Freund haben. Noch mehr dazu lesen Sie im vierten Schlüssel zum Glück: „Auch Prinzessinnen müssen Frösche küssen! Nehmen Sie miese Dates mit Humor“

Wer offen durchs Leben geht und gerne neue Menschen kennenlernt, wird nie lange alleine sein. Aber nun zurück zu meinem Mädelsabend im Szenelokal. Carina hat sich an dem Abend köstlich amüsiert. Den Mann fürs Leben hat sie zwar nicht getroffen, aber viele neue Bekanntschaften geschlossen. Sylvie und Anja dagegen haben sich gelangweilt, weil sie folgendes Signal ausgesendet haben: „Lasst uns in Ruhe, ihr seid ohnehin nicht gut genug für uns!“ Doch gleichzeitig haben sie Carina aus dem Augenwinkel beobachtet und festgestellt, wie lustig und ausgelassen der Abend für sie war. Vielleicht sollten sie auch ein bisschen lockerer werden, wenn sie wirklich Spaß haben wollten.

Wer nicht flirten will, wird den Mann fürs Leben nicht so leicht finden. Denn auch wenn Sie darauf warten, dass Ihnen Ihr Mr. Right im Supermarkt, beim Sport oder beim Hundespaziergang begegnet, muss ich Ihnen leider sagen, dass Ihre Chancen da eher gering sind. Prinzipiell können Sie den Mann fürs Leben überall treffen, das gebe ich zu. Aber die höchste Trefferquote haben Sie natürlich, wenn Sie mit Ihren Freundinnen in Ihr Lieblingslokal gehen. Meinen Mann habe ich auch beim Mädelsabend im Szenelokal kennengelernt. Immer wieder behauptet meine Singlefreundin Anja: „Beim Fortgehen lernt man ohnehin nicht den Richtigen kennen." „Wo denn sonst?", frage ich zurück.

Oft beschweren sich Singlefrauen, dass sie niemanden haben, mit dem sie ausgehen können, weil alle ihre Freundinnen gebunden sind. Das ist natürlich schlecht, denn wie wir wissen, gehören hilfreiche Freunde auch im Märchen unbedingt bei der Suche nach dem Märchenprinzen dazu. Aber auch, wenn Sie Ihre alten Freunde einmal im Stich lassen, können Sie rasch neuen Anschluss finden, etwa im Job oder im Fitnesscenter. Wieder einmal gilt: Wer offen und natürlich ist, findet schnell Anschluss. Und: Seien Sie Ihrer frisch verliebten Freundin nicht böse, dass sie Sie vernachlässigt. Wenn Sie wieder auf rosa Wolken schweben, wird es Ihnen ganz ähnlich gehen.

Wenn Sie es geschafft haben und im Lokal Ihrer Wahl an der Seite Ihrer Freunde stehen, kann eigentlich nichts mehr schiefgehen. Flirten Sie, seien Sie offen und bleiben Sie dabei trotzdem geheimnisvoll, denn das ist kein Widerspruch, wie man vielleicht meinen würde. An dieser Stelle noch einmal ein paar wichtige Flirttipps:

- Suchen Sie das perfekte Outfit für Ihren Flirtabend. Wenn Sie sich optisch gut fühlen, strahlen Sie auch nach außen! Bunte, knallige Farben signalisieren Offenheit. Pastell- und Grautöne wirken eher abweisend.

Ein schwarzes Outfit ist zwar cool, kombinieren Sie es allerdings mit einem farbenfrohen Accessoire.

- Sehen Sie sich mit offenen Augen im Lokal um. Wenn Sie jemand anlächelt, erwidern Sie das Lächeln!
- Vermeiden Sie Arroganz. Und noch wichtiger: Verstecken Sie Ihre mögliche Unsicherheit nicht hinter Unnahbarkeit! Denn wer unnahbar wirkt, dem wird man sich auch nicht nähern.
- Wer gerne flirtet, kommt schnell ins Gespräch. Bleiben Sie beim ersten Kontakt geheimnisvoll, halten Sie also kein Referat über sich selbst. Ihr Gegenüber muss Sie nicht gleich in der ersten Minute auswendig kennen. Wenn ein Mann im ersten Moment nicht ganz schlau aus Ihnen wird, ist das wunderbar!

In mehreren Beispielen habe ich erläutert, dass es wichtig ist, sich zu Beginn einer Beziehung geheimnisvoll zu geben. Wie sieht es allerdings bei einer lang bestehenden Partnerschaft oder einer Ehe aus? Große Geheimnisse sind Gift für die Ehe. Ein Seitensprung etwa wäre als Geheimnis ein tödliches Risiko für eine Beziehung. Mit keiner anderen Aktion machen Sie sich Ihr Liebesleben und Ihre Partnerschaft so schwer.

Für mehr als die Hälfte aller Österreicherinnen und Österreicher ist ein Seitensprung Grund genug, eine Beziehung sofort zu beenden, mit allen schrecklichen Konsequenzen. Auch Seitensprungexperte und Psychologe Ragnar Beer zeigt mit seinen Untersuchungen, dass Fremdgehen schlimme Konsequenzen für eine Beziehung haben kann. Die Verletzungen, die dieser Betrug anrichten kann, sind für den Betrogenen oder die Betrogene furchtbar. Ragnar Beer sieht einen Seitensprung als die schlimmste Bedrohung für eine Liebesbeziehung.

Treue ist also ein wichtiges Fundament einer Partnerschaft und hier soll es keine Geheimnisse geben. Eine Beziehung beruht auf Vertrauen und Ehrlichkeit. Wir suchen einen Partner, dem wir alles sagen können. Natürlich können wir auch in einer langen Beziehung in eine schwierige Situation geraten.

Meine verheiratete Freundin Tatjana war kürzlich in einer Zwickmühle. Ihr Mann Jakob und sie waren nun schon seit zehn Jahren verheiratet und Eltern einer siebenjährigen Tochter. Alles lief wunderbar, Tatjana wusste, dass sie in Jakob den Mann fürs Leben gefunden hatte. Die beiden konnten einander alles sagen und hatten keinerlei Geheimnisse voreinander.

Doch irgendwann wurde es langweilig. Dieses Gefühl hatte sich ganz langsam eingeschlichen. Tatjana fühlte, dass irgendetwas fehlte, aber sie wusste nicht, was es war. Natürlich hatten sie und Jakob nicht sehr oft Sex, aber das war bestimmt nur so eine Phase, die wieder vorübergehen würde, dachte Tatjana. Jakob war wenig zu Hause und engagierte sich sehr in seinem Job. Tatjana arbeitete halbtags in der Bibliothek und war nachmittags zu Hause bei ihrer Tochter. Ihr Leben war weit nicht so spannend, wie sie es sich früher ausgemalt hatte.

Und auch aus ihrer Liebe schien irgendwie die Luft ausgegangen zu sein. Tatjana fragte sich oft, wo der Mann war, den sie vor zehn Jahren geheiratet hatte. Jakob war früher besonders romantisch und spontan gewesen. Doch davon merkte Tatjana heute leider gar nichts mehr. Ihre Welt sollte allerdings erst ins Wanken kommen, als Tatjana ihrer Jugendliebe zufällig begegnete. Tatjana und Dominik hatten eine leidenschaftliche Beziehung geführt, die allerdings durch Dominiks Verschulden zu Ende gegangen war. Denn die Monogamie war nie seine Stärke gewesen.

Doch heute, viele Jahre später, sah Tatjana Dominik in einem ganz anderen Licht. Und die Wahrheit war: Er faszinierte sie noch genauso wie früher. Auch Dominik schien sich sehr über die Begegnung zu freuen. „Wie geht es dir, Tatjana?“, er strahlte sie an und Tatjana erzählte von Jakob, ihrer Tochter und dem Leben in der Vorstadt. Auch Jakob lebte in einer festen Beziehung, war allerdings nicht verheiratet. Sein Sohn war noch ein Baby. „Es war schön, dich zu sehen. Gehen wir einmal auf einen Kaffee?“, fragte Jakob zum Abschied. Tatjana lächelte. Es konnte ja wirklich nett sein, einmal in Ruhe über alte Zeiten zu plaudern.

Dominik hatte sie so fasziniert angesehen, er fand sie wohl nach all den Jahren immer noch attraktiv. Das schmeichelte Tatjana. Abends war sie in guter Laune, sie kochte sogar etwas Besonderes für Jakob und ihre Tochter Isabella. Jakobs Schilderungen über seinen Job konnte sie endlich wieder einmal mit Begeisterung zuhören. Tatjana überlegte: Wenn Dominik der Grund war, warum sie sich ausgeglichener und wohler fühlte, dann würde sie sich ruhig mit ihm auf einen Kaffee treffen. Warum nicht, da war doch wirklich nichts dabei? Das war doch so ähnlich, wie wenn man auf ein Klassentreffen ging, entschied Tatjana.

Als sich Dominik eine Woche lang nicht meldete, war sie dennoch erleichtert. Seitdem sie verheiratet war, hatte sich Tatjana noch nie mit einem anderen Mann getroffen – und dabei sollte es auch bleiben. Doch nach zwei Wochen läutete plötzlich das Telefon. Tatjana erkannte die Nummer sofort: Es war Dominik! Die beiden verabredeten sich für den nächsten Tag in einem Café.

Tatjana war sehr nervös und hatte irgendwie auch ein schlechtes Gewissen Jakob gegenüber. Sie beruhigte sich jedoch damit, dass doch wohl wirklich nichts dabei war und Jakob ja auch oft mit Arbeitskolleginnen zum Lunch ging. Natürlich war da ein Unterschied, das wusste Tatjana, denn schließlich war Dominik ihre große Jugendliebe gewesen. Sie hatten leidenschaftliche Tage und Nächte verbracht. Mit diesen Erinnerungen konnte es kein ungezwungenes Treffen werden, gestand sich Tatjana ein.

Dennoch hatte dieses Treffen vielleicht auch etwas Gutes. Sie würde feststellen, dass sich Dominik noch immer nicht verändert hatte und genau der gleiche „Womanizer" war wie damals. Zum Glück hatte sie Jakob! Doch um diese Erkenntnis zu haben, musste sie das Date erst einmal hinter sich bringen. War es überhaupt ein Date? Tatjana entschied, dass es ein rein zufälliges, ungezwungenes Treffen werden sollte und mehr nicht. Punkt.

Dominik war schon im Café, als sie kam. Er lächelte sie an. Tatjana bemerkte, dass er immer noch dieses Strahlen hatte. Es gibt Männer, die mit ihrem Lächeln scheinbar ein Licht bei uns Frauen anknipsen können, dachte sie, und Dominik war einer von ihnen.

Bei einem Latte Macchiato erzähle Dominik Tatjana von seiner Firma, seiner Freundin, seinem Kind. Auch Tatjana plauderte über Jakob und Isabella. Das Gespräch verlief viel besser, als Tatjana erwartet hatte, und Dominik überraschte sie mit seinen Erzählungen. Er schwärmte von seinem Kind und der Familie und berichtete außerdem, dass er sich für ein Kinderheim in Afrika engagierte und Spendengelder sammelte.

Don Juan Dominik gab es wohl nicht mehr; Tatjana gegenüber saß ein erwachsener, selbstbewusster und sehr interessanter Mann. Es war ein sehr schönes Treffen gewesen, doch Tatjana wusste, dass es besser wäre, wenn sie es nicht wiederholen würden. Denn so ehrlich war sie zu sich selbst: Dominik könnte für sie immer noch gefährlich werden.

Es dauerte nur ein paar Tage und Dominik rief wieder an. Tatjana fühlte sich natürlich sehr geschmeichelt, aber sie erfand eine Ausrede und lehnte das Treffen ab. Doch so schnell ließ Dominik nicht locker: Er schickte SMS und rief wieder an. Obwohl sich Tatjana wirklich gerne noch einmal mit ihm getroffen hätte, tat sie es nicht. Es stand zu viel auf dem Spiel. Jakob und sie hatten sich mit ihrer Tochter Isabella sieben Jahre lang ein Leben aufgebaut, das nicht durch einen Dritten gestört werden sollte. So verlockend die Idee von einer Affäre mit Dominik auch war, Tatjana entschied sich dagegen.

Um nicht in Versuchung zu kommen, lehnte sie ein weiteres Treffen mit Dominik ab. Jakob erzählte sie allerdings nie von dieser Begegnung. Sie hatte also ein kleines Geheimnis vor ihm, das aber in diesem Fall ihrer Beziehung nicht schadete. Es war ja auch nichts passiert. Natürlich hatte Tatjana mit dem Gedanken gespielt, Jakob zu betrügen. Doch entscheidend war, dass sie es nicht getan hatte. Tatjana hatte mit dem Feuer gespielt, aber mehr war es auch nicht gewesen. Durch die Begegnung mit Dominik war ihr klar geworden, dass sie ihre Beziehung zu Jakob nicht gefährden wollte. Meine Freundin Tatjana hatte die richtige Entscheidung getroffen und ihre Erfahrung zeigt, dass kleine Geheimnisse manchmal auch in einer Ehe notwendig sind.

Was wäre allerdings gewesen, wenn Tatjana der Versuchung nicht entkommen wäre? In diesem Fall gilt: Wenn Sie Ihren Partner betrogen haben und diese Affäre beendet ist, gestehen Sie Ihren Fehltritt besser nicht. Machen Sie die Sache mit sich selbst aus. Wenn Sie sich klar für Ihren Partner entschieden haben, brauchen Sie Ihren Seitensprung nicht zu beichten. Sie würden damit nur Ihren Partner unnötig belasten. Besser ist, wenn Sie Ihre heimliche Schuld selbst tragen.

Der Mann meiner Freundin Angela hat ihr kürzlich einen Seitensprung gebeichtet. Er schwor ihr, es nie wieder zu tun, und beteuerte, dass ihm die Sache nichts bedeutet hatte. Angelas Welt allerdings geriet völlig aus den Fugen. Warum war das passiert? Nur, weil sie in letzter Zeit mit dem Baby abends einfach zu müde für Sex war? Das konnte doch kein Grund zum Fremdgehen sein. Und wenn es wirklich vorbei war, wie ihr Mann beteuerte, warum hatte er es ihr dann erzählt? Wollte er Vergebung von ihr und sein Gewissen erleichtern?

Ein Seitensprung ist in einer Beziehung eigentlich ein unverzeihlicher Fehltritt; der Betrogene kann nur lernen, damit zu leben. Angela trennte sich vorübergehend von ihrem Mann und erwog die Scheidung. Letztendlich hat sie sich allerdings dagegen entschieden. Dank einer Paartherapie konnten die beiden einen Neuanfang starten. Doch das gelingt nicht immer. Wichtig ist, dass Sie den Fehltritt im Vorfeld vermeiden! Die Versuchung ist manchmal natürlich groß. Aber: Überlegen Sie sich die möglichen fatalen Konsequenzen und lassen Sie Ihren Verstand entscheiden.

In einer langen Ehe kann es natürlich hin und wieder Gefährdungen von außen geben. Wichtig ist, dass man sich über die Bedürfnisse austauscht. In einer Ehe sollte die Frau zwar nicht allzu geheimnisvoll sein, aber sie sollte ihren Mann auch immer wieder einmal überraschen. Dasselbe gilt selbstverständlich auch umgekehrt. Überraschungen halten die Ehe frisch und abwechslungsreich! Lesen Sie darüber noch mehr im siebten Schlüssel zum Glück: „Happy ohne Ende! Was passiert, wenn Sie Ihren Märchenprinzen gefunden haben“

Der dritte Schlüssel zum Glück lehrt uns aber vorerst, dass man sich in einer neuen Beziehung ruhig ein bisschen geheimnisvoll geben soll, weil man dadurch interessanter wird. Bitte vergessen Sie nicht, dass diese Strategie viel Fingerspitzengefühl erfordert. Wir dürfen eine geheimnisvolle, unwiderstehliche Aura nicht mit einer unnahbaren und arroganten Art verwechseln. Geheimnisvoll zu sein bedeutet auch nicht, dass wir unehrlich sein sollen. Wir sollen nur nicht sofort unser ganzes Leben vor einem potenziellen Mr. Right ausbreiten.

Und für lange Partnerschaften gilt: Natürlich sollen wir unseren Partner immer wieder überraschen und auch so manche kleine Geheimnisse sind in Ordnung. Dennoch sind Ehrlichkeit und Vertrauen eine ganz wichtige Säule in einer Partnerschaft. Nur wenn wir das Gefühl haben, das wir uns auf den anderen auch wirklich verlassen können, entsteht bei uns ein Gefühl von Wohlbehagen und Glück.

Der dritte Schlüssel zum Glück in Kürze

Prinzessinnen sind geheimnisvoll!
Sie verraten nicht gleich alles von sich
und sind daher unwiderstehlich

- Lassen Sie beim ersten Date ruhig Ihren Schuh zurück! Bereits Cinderella ist im Märchen ein königlicher Abgang gelungen und auch im wirklichen Leben kann das möglich sein. Der Prinz Ihres Herzens wird Sie finden.
- Bleiben Sie geheimnisvoll! Wer sich zu Beginn einer Beziehung ein bisschen rätselhaft gibt und nicht sofort sein ganzes Leben vor dem anderen ausbreitet, macht sich interessant.
- Genießen Sie die Lust am Flirten! Bewahren Sie sich eine gewisse Leichtigkeit, ohne dabei Ihre geheimnisvolle Seite zu verlieren. Verwechseln Sie geheimnisvoll jedoch nie mit unnahbar oder arrogant. Auch die Märchenprinzessinnen zeigen ihr Interesse am Prinzen.

- Kein Sex beim ersten Date! Lassen Sie sich Zeit, wenn Sie auf der Suche nach dem Mann fürs Leben sind. Was ist schon eine Nacht, wenn Sie das ganze Leben noch gemeinsam vor sich haben könnten?
- Machen Sie sich interessant! Männer können mit kleinen Zurückweisungen ganz gut umgehen und verlieren dadurch nicht das Interesse. Manchmal gelingt es sogar erst durch Abweisung, einen Mann zu erobern. Nachzulesen im Märchen Froschkönig.
- Bleiben Sie auch in einer langen Beziehung für Ihren Partner überraschend! Kleine Geheimnisse sind in Ordnung. Ehrlichkeit und Vertrauen sind allerdings eine wichtige Basis einer dauerhaften Partnerschaft.
- Widerstehen Sie der Versuchung! Ein Seitensprung ist ein großes Risiko für eine Beziehung. Investieren Sie Ihre Energie lieber in die bestehende Beziehung – die beste Voraussetzung, um happy ohne Ende zu bleiben.

Der vierte Schlüssel zum Glück

Auch Prinzessinnen müssen Frösche küssen! Nehmen Sie miese Dates mit Humor

„Geht und findet mir das Mädchen, das diesen Schuh trug. Ich kann nicht eher ruhen, bis ihr es gefunden habt", befahl der Prinz. So geschah es, dass die Gesandten des Königs am folgenden Tag von Tür zu Tür gingen, um alle Mädchen im Königreich den Schuh probieren zu lassen. Aber der zierliche Schuh wollte keiner passen. So kamen sie auch zum Hause von Cinderella.

Die bösen Stiefschwestern versuchten, ihre Füße in den Schuh zu zwängen, doch vergeblich. Plötzlich bemerkten die Gesandten Cinderella. Sie waren erstaunt über die Schönheit des Mädchens und ließen ihm den Schuh anprobieren. Cinderellas Fuß glitt mühelos in den glitzernden Schuh, der ihr passte wie angegossen. Der Prinz hatte befohlen, das Mädchen, dem der Kristallschuh passte, zu ihm zu führen. Und so geschah es.

Der Weg zum Glück führt uns manchmal über Umwege. Wir gehen ein Stück, stellen dann jedoch fest, dass es nicht unsere Richtung ist. Natürlich ist es mühsam, wenn wir auf unserem Lebensweg manchmal umkehren müssen, aber diese Irrwege stehen symbolisch nur für unsere Entwicklung. Wer sich entwickelt, muss Erfahrungen sammeln und dazu gehören schlechte genauso wie gute.

Der Schweizer Tiefenpsychologe C. G. Jung hat immer wieder betont, dass die meisten Menschen die schöpferischen Möglichkeiten des Erwachsenseins und des Alters gar nicht wirklich erfasst haben, weil sie beim Begriff „Entwicklung" nur an die Kindheit denken. Gerade Erwachsene können jedoch reifen und sich verändern, wenn sie sich der Regie ihrer Seele anvertrauen und lernen, die „Herrschaft der egozentrischen Anteile zu reduzieren".

Daher können nicht nur Kinder, sondern ebenso Erwachsene aus Märchen lernen. Unsere Entwicklung spiegelt sich auch in den verschiedenen Liebesbeziehungen wider, die wir führen, bis wir unseren Märchenprinzen gefunden haben. Und auch wenn wir verheiratet sind oder in einer Lebensgemeinschaft stehen, geht diese Entwicklung weiter.

Wenn wir zurück an unsere Pubertät denken, erinnern wir uns, dass eine Entwicklung hin und wieder auch schmerzlich sein kann. Wir halten oft an aussichtslosen Schwärmereien fest und kämpfen manchmal mit großen Selbstzweifeln. Aber auch als Erwachsener müssen wir die eine oder andere Enttäuschung verkraften, einerseits natürlich beruflich, andererseits aber auch in Liebesdingen.

Und dazu gehören leider auch miese Dates. Eine Prinzessin muss viele Frösche küssen, bis sie ihren Prinzen gefunden hat. Da bestätigen nur wenige Ausnahmen die Regel. Es gibt nur wenige Menschen, die mit ihrer ersten Liebe bis in alle Ewigkeit glücklich werden konnten. Heute sind wir froh, dass wir auch Vergleichsmöglichkeiten haben, so wissen wir die Vorzüge unseres aktuellen Partners mehr zu schätzen.

Auch im Märchen gibt es auf dem Weg zur Liebe oft viele Hindernisse und Widrigkeiten, die symbolisch für schlechte Erfahrungen im realen Leben stehen. Das Märchen Froschkönig zeigt allerdings, dass auch in einem Frosch ein Prinz stecken kann. Manchmal kann also auch aus einem miesen Date eine märchenhafte Beziehung werden.

Wenn ich heute an alle meine schlechten Erfahrungen zurückdenke, muss ich beinahe schmunzeln. Natürlich hat die eine oder andere Enttäuschung sehr weh getan, aber im Nachhinein betrachtet waren viele schlechte Dates auch sehr amüsant. Als ich noch in Wien mit meinen Freundinnen Alina und Sylvie in einer WG wohnte und bei der Airline arbeitete, waren wir mittendrin im Dating-Karussell.

Als erste Episode fällt mir ein Date mit einem Piloten einer anderen Airline ein. Wir hatten uns auf dem Flug von New York nach Wien kennengelernt. Er war als Passagier unterwegs und grinste mich die ganze Zeit an. Ich fühlte mich fast schon ein bisschen bedrängt, als er mir einen Zettel mit seiner Telefonnummer gab und um meine bat. Da ich zu diesem Zeitpunkt Single und der Typ eigentlich ganz süß war, sah ich kein Problem darin, ihm auch meine Nummer zu geben. Ich bezweifelte allerdings, dass er sich auch wirklich melden würde.

Doch kaum war ich nach dem langen Flug endlich zu Hause, rief er an. Er wollte sich unbedingt für den nächsten Tag mit mir verabreden und mich zum Essen ausführen, wie er großspurig behauptete. Er lud mich zu einem schicken Japaner ein. Ich war zwar nicht völlig hingerissen von dem Typen, aber eine Chance konnte ich ihm schließlich trotzdem geben. Immerhin wollte er mit mir zu meinem Lieblingsjapaner.

Zur Sicherheit bat ich Sylvie und Alina, in unserem Stammlokal in der Nähe zu warten, so hatte ich jederzeit eine Fluchtmöglichkeit, wenn sich mein Prinz doch als Frosch entpuppen sollte. Am nächsten Abend trafen wir uns also in besagtem Lokal. Mein Pilot war schon da und winkte mir eifrig, fast ein bisschen zu offensichtlich, durchs ganze Lokal zu. Ich schenkte ihm nur den Anflug eines Lächelns und nahm an seinem Tisch Platz.

Er zeigte sich unterhaltsam, gleichzeitig aber ein bisschen selbstverliebt. Das Bestellen nahm er – zu meinem Ärger – auch selbst in die Hand. „Du magst doch Sushi?“, fragte er anstandshalber und bestellte, als ich bejahte, gleich eine Riesenplatte für zwei Personen. Er wollte mich wohl ein bisschen beeindrucken. Das Sushi schmeckte aber wirklich hervorragend, er hatte eine gute Auswahl getroffen.

Der Pilot plauderte aus seinem Leben. Ja, man könnte sogar sagen, dass er eine Ansprache hielt, wobei er immer wieder betonte, dass er ein toller Typ war – nur für den Fall, dass ich das noch nicht bemerkt hatte. Ich war schon ein bisschen genervt, doch das Sushi schmeckte zu gut für eine Flucht. Wenn ich schon einen miesen Abend hatte, dann wollte ich auf seine Kosten aber auf jeden Fall gut essen. Denn wenigstens schien er nicht geizig zu sein. Er überredete mich noch zu einem Dessert und hatte außerdem eine Flasche vom besten Wein bestellt.

Schließlich verlangte er die Rechnung. Nachdem er mich großspurig zum Essen ausführen wollte, nahm ich meine Geldtasche nicht einmal anstandshalber zur Hand. Mein Pilot zückte seine Kreditkarte und lächelte mich an: „Weißt du, ich habe mir gedacht, dass ich die Rechnung mit meiner Karte zahle und du gibst mir die Hälfte in bar, was meinst du?“ Ich sah meinen Piloten genauso entsetzt an, als ob er sich gerade in einen Frosch verwandelt hätte. Schnell knallte ich ihm ein paar Geldscheine auf den Tisch. Das durfte doch wohl nicht wahr sein!

Mein Pilot war ein Sparefroh und ich war davon überzeugt gewesen, dass er mich einladen wollte. Ich habe durchaus nichts gegen geteilte Rechnungen, doch beim ersten Date sind sie einfach fehl am Platz. Es muss ja meiner Meinung nach nicht immer der Mann zahlen. Auch die Frau kann einladen. Aber getrennte Rechnungen beim ersten gemeinsamen Abendessen, das geht wirklich überhaupt nicht. Der Sparefroh steckte mein Geld ein und lächelte mich zufrieden an. Er war so selbstverliebt, dass er meine Enttäuschung gar nicht bemerkt hatte. „Was machen wir jetzt?“

Ich spielte an meinem Handy herum. „Oje“, sagte ich schnell, „bei meiner Freundin ist leider etwas Schlimmes passiert, ich habe gerade ein SMS bekommen. Du verstehst sicher, dass ich jetzt ganz schnell weg muss", säuselte ich und eilte davon, bevor mein Sparefroh nur einen Mucks machen konnte. Zum Glück hatte ich meine Freundinnen ganz in der Nähe in unserem Stammlokal platziert. Ich freute mich schon darauf, mit ihnen über meine Episode zu lachen.

Es ist immer gut, wenn man Freunde hat, mit denen man über die eine oder andere schlechte Erfahrung scherzen kann. Denn geteiltes Leid ist halbes Leid. Und hier kommt auch wieder das Märchen ins Spiel. Was wäre Schneewittchen ohne ihre Sieben Zwerge und was wäre Cinderella ohne die gute Fee?

Aber wieder zurück zu mir, meinen Freundinnen und unseren miesen Dates. Meinen Sparefroh hatte ich also abgehakt. Den nächsten Frosch konnte Alina auf ihrer Liste verzeichnen. Sie hatte ihn auf einem Clubbing kennengelernt; er war ein absolut cooler Typ und arbeitete als Polizist bei der Drogenfahndung. Und so sah er auch aus, wie Bruce Willis, der gerade die Welt rettet: schwarze Lederjacke, Jeans und ein gefährlicher Blick. Alina freute sich schon auf ihr heißes Date mit dem lässigen Cop. Sie hatten sich völlig schnörkellos auf einen Drink verabredet. In Anbetracht meines letzten Dates mit dem Sparefroh war das wahrscheinlich sogar die bessere Entscheidung.

Obwohl Alina fünf Minuten zu spät ins Lokal kam, war ihr Cop noch nicht zu sehen. Wahrscheinlich war er gerade in geheimer Mission unterwegs. Alina beschloss, ihm ein bisschen Zeit zu geben und bestellte ein Glas Prosecco.

Wie lange soll man nun eigentlich auf einen Mann warten, der sich verspätet? Das kommt immer drauf an. Wenn mein Mann heute nicht zum vereinbarten Zeitpunkt kommt, rufe ich ihn natürlich sofort an. Doch bei einem ersten Date würde ich das bestimmt nicht tun. 15 Minuten sind noch im Rahmen, bei 20 Minuten Delay dürfen Sie mit Recht sauer sein und nach einer halben Stunde können Sie auf jeden Fall das Lokal verlassen.

Zurück zu Alina und ihrem Cop: Der Kerl verspätete sich also. Alina blickte selbstbewusst durch das Lokal. Vielleicht konnte sie ja noch eine andere Bekanntschaft machen, wenn es sich ihr Cop vielleicht doch anders überlegt hatte. Sie kam mit einem Mann an der Bar ins Gespräch. Als der Cop mit zwanzig Minuten Verspätung ins Lokal rauschte, reagierte er sauer. Er sah Alina und den Typen so eifersüchtig an, dass man meinen könnte, er würde gleich seinen Colt ziehen.

Alina lächelte säuerlich, nickte ihrem Gesprächspartner nochmals zu und wandte sich dann an ihren Cop. „Was war denn los?" „Hatte zu tun. Nicht jeder hat so einen Job wie du", blaffte dieser zurück und Alina überlegte schon, ob sie sofort gehen sollte. Doch dann lenkte der Cop ein und entschuldigte sich. Als sich der Kellner näherte und Alina einen bewundernden Blick zuwarf, wurde der Cop allerdings schon wieder wütend. Alina ahnte, wen sie sich da eingehandelt hatte. Ihr Polizist war notorisch eifersüchtig.

Natürlich hat Eifersucht auch positive Seiten. Wenn Sie in einer Beziehung sind und Ihr Partner ist eifersüchtig, beweist er damit genauso seine Zuneigung. Aber wenn jemand auf alles und jeden eifersüchtig ist, und das bereits vom ersten Date an, ist das sicherlich ein Problem. Nur weil ein Mann ein Date mit Ihnen hat, sollte er Sie nicht als seinen Besitz betrachten.

Grundsätzlich ist Eifersucht eine Bedrohung für die Beziehung. Viele Partnerschaften gehen kaputt, weil einer dem anderen nicht vertrauen kann. Auch im Märchen wird die gefährliche Seite der Eifersucht mit allen damit verbundenen Bedrohungen dargestellt. Denken Sie nur an die böse Stiefmutter aus dem Märchen Schneewittchen. Die böse, eifersüchtige Königin befragte jeden Tag ihren Spiegel, wer die Schönste im Land sei. Als der Spiegel eines Tages antwortete, dass Schneewittchen die Schönste sei, wurde die Königin so zornig, dass sie ihrem Jäger befahl, das Mädchen zu töten. Und als sie davon erfuhr, dass Schneewittchen bei den Sieben Zwergen Zuflucht gefunden hatte, verwandelte sie sich in eine alte Frau und überbrachte Schneewittchen den vergifteten Apfel. Sie konnte es nicht ertragen, dass sich der junge, schöne Prinz nicht für die „schöne Königin", sondern nur für das junge Schneewittchen interessierte.

Das gleiche Thema erkennen wir auch im Märchen Cinderella. Die bösen Stiefschwestern beneiden Cinderella um ihre Schönheit und würden alles tun, um den schönen Königssohn für sich zu gewinnen. Sie sind sogar bereit, sich in einen viel zu engen Schuh zu zwängen und tun alles, um Cinderellas Glück zu verhindern. Die Eifersucht im Märchen hat also ebenfalls zerstörerische Auswirkungen.

Das ist im wirklichen Leben nicht anders. Mit einem krankhaft eifersüchtigen Mann kann man nicht glücklich werden. Und wer selbst immer andere Frauen um ihre Schönheit beneidet, wird nie mit sich selbst zufrieden sein und auch keinen Mann begeistern. Aus dem Märchen lernen wir also, dass Eifersucht ein gefährliches Spiel sein kann.

Aber nun wieder zurück zu den realen Erfahrungen meiner Freundin Alina. Alinas Date mit dem Cop verlief wenig angenehm. Irgendwie lebte dieser seinen Beruf auch privat und schien dauernd auf Angriff zu sein. Die beiden trafen sich zwar noch ein paar Mal, weil Alina ihn grundsätzlich sehr interessant fand, doch seine Eifersuchtsattacken nervten sie total. „Wenn ich das nächste Mal mit diesem Typen ein Date habe, muss ich wohl einen Kartoffelsack tragen, damit mir kein anderer Mann mehr auch nur einen Blick zuwirft“, beschwerte sich Alina bei mir.

Grundsätzlich prallten bei Alina und ihrem Polizisten zwei Welten aufeinander. Sie war es gewohnt, im Mittelpunkt zu stehen und setzte sich gerne in Szene; und er betrachtete eine Frau, mit der er verabredet war, wohl als sein Eigentum. So interessant die beiden einander auch fanden, diese Verbindung war von Anfang an zum Scheitern verurteilt. Und Alinas Devise war wieder einmal: Auf zum nächsten Prinzen! Denn der vierte Schlüssel zum Glück besagt: „Auch Prinzessinnen müssen Frösche küssen! Nehmen Sie miese Dates mit Humor“

Der nächste Mann, der den Weg meiner Freundin Sylvie kreuzen sollte, war der „Miesmacher“. Sie lernte ihn bei einem Geschäftsessen kennen und war vom ersten Moment an von seinem Lächeln fasziniert. Später musste sie leider feststellen, dass der Miesmacher besagtes Lächeln nur äußerst sparsam einsetzte. Bereits bei ihrem ersten Date verlieh der Typ seinem Unmut Ausdruck und Sylvie merkte sofort, dass bei diesem Miesmacher äußerste Vorsicht geboten war.

Wenn ein Mann beim ersten Date den Kellner lautstark anmeckert, weil das Essen nicht schmeckt, können Sie davon ausgehen, dass auch Sie bald von betreffendem Mann angemotzt werden. Den ganzen Abend lamentierte der Miesmacher über Gott und die Welt. Da hatte sich Sylvie wohl einen richtigen Pessimisten geangelt. Natürlich können auch Sunnyboys, die grundsätzlich alles positiv sehen, manchmal anstrengend werden. Doch ein Date mit einem richtigen Schwarzmaler ist das Schlimmste, was man sich vorstellen kann.

Sylvie verzichtete nach dem Abendessen auf eine Einladung zu einem Drink in seiner Wohnung. Wenn ihm das Leben nicht gefiel, sollte er es jemandem anderen miesmachen. Sylvie war eine Optimistin und wollte sich ihre gute Laune nicht von einem notorischen Nörgler vermiesen lassen.

Da ich früher recht viel durch die Welt gereist bin, kann ich von Dates mit Männern verschiedener Nationalitäten berichten. Und man sollte es nicht glauben, es gibt da doch den einen oder anderen amüsanten Unterschied. Allen voran zeichnet sich der italienische Mann als perfektes Date aus. Italienische Männer machen ihrem Ruf wirklich alle Ehre. Wer das Leben und die Männerwelt genießen will, aber nicht auf der Suche nach einer festen Partnerschaft ist, liegt bei einem italienischen Lover völlig richtig.

Als ich mit Alina und Sylvie einmal auf Mädelsurlaub in Rimini war, begegnete mir Roberto. Groß, dunkel und sehr attraktiv fiel er mir mit seiner samtenen Stimme sofort auf. Er arbeitete in einem kleinen Reisebüro, wo wir einen Ausflug buchten. Und das Beste war: Roberto gab es gleich zweimal – sein Zwillingsbruder Carmelo sah ihm zum Verwechseln ähnlich. Während sich Carmelo eher für Sylvie interessierte, hatte Roberto nur Augen für mich.

Italiener flirten viel direkter als die Österreicher, sie sind einfach sehr selbstbewusst, mutig und beten die Frauen an. Wenn sich ein Italiener für eine Frau interessiert, gibt er ihr das Gefühl, die schönste Frau der Welt zu sein. Er himmelt sie an und spart nicht mit Komplimenten. Ich erinnere mich noch heute an ein schönes Kompliment von Roberto: „Deine Freundinnen sind wie Wasser, du bist wie ein Glas vom besten Wein.“ Nachdem für die Italiener Wein ja ein Nationalgetränk ist, bedeutete dieses Kompliment für mich natürlich sehr viel. Ich war von seinen Schmeicheleien ganz hingerissen.

Wir verbrachten ein paar wunderschöne Tage miteinander, und ganz am Rand sei auch erwähnt, dass die italienischen Männer ihrem Ruf als feurige Verehrer ebenfalls gerecht werden. Wieder zurück zu Hause, meldete sich Roberto oft telefonisch bei mir und wir blieben in Kontakt. Zwei Monate später habe ich ihn noch einmal in Rimini besucht, dann verlor sich unsere Liebelei im Sand. Aber das war für mich auch völlig in Ordnung. Ich wusste von Anfang an, dass unsere Beziehung keine Zukunft hatte, aber es war trotzdem eine schöne Erfahrung.

So können manche Affären, auch wenn sie in die Brüche gegangen sind, im Nachhinein eine schöne Erinnerung hinterlassen, während bei anderen Liebesepisoden nur Groll und Ärger übrig bleiben. Was man bei italienischen Männern auch noch positiv bewerten kann, ist, dass sie Frauen mit sehr viel Wertschätzung behandeln. Während es bei uns passieren kann, dass sich ein Mann nach einer gemeinsamen Nacht einfach aus dem Staub macht und es ihm egal ist, wie sich eine Frau dabei fühlt, wäre das in Italien undenkbar. Wenn ein Italiener eine Beziehung beendet, dann tut er das mit viel Gefühl und Respekt.

Die Südländer wissen scheinbar, worauf es in der Liebe ankommt. Auch meine Freundin Alina verlor einmal ihr Herz im Urlaub, allerdings an einen Griechen. Angelo war der feurigste Grieche der Welt und wollte Alina am liebsten schon nach einer Woche einen Heiratsantrag machen. Zum Glück tat er es dann doch nicht. Für Alina war die griechische Episode eigentlich nach ihrem Urlaub beendet. Doch Angelo ließ nicht locker. Von seiner kleinen griechischen Insel aus schickte er Alina Blumen nach Österreich, er schrieb eifrig Liebesbriefe und träumte von Telefonsex.

Alina fühlte sich zwar geschmeichelt, wollte ihren griechischen Verehrer jedoch am liebsten loswerden. Als sie jedoch nicht mehr auf seine Anrufe und Briefe reagierte, passierte das Unvermeidliche. Angelo stand eines Tages vor ihrer Tür. Zunächst war Alina wenig begeistert. Sie musste ihrem „griechischen Gott" jetzt endlich reinen Wein einschenken. Natürlich war Angelo enttäuscht, als er erfuhr, dass Alina doch nicht die Liebe seines Lebens werden würde. Doch er trug es mit Fassung, stieg ins nächste Flugzeug und machte sich auf zur nächsten Prinzessin. Südländer können oft sogar noch feuriger sein, als uns Frauen manchmal lieb ist.

Aber nun geht es weiter auf unserer Weltreise durch die Männerwelt. Ich hatte auch einmal das Vergnügen mit einem Schweizer. Ich lernte ihn auf den Malediven kennen, wo er als Tauchlehrer arbeitete und nach allen Regeln der Kunst den Verführer spielte. Er war zwar ein ziemlicher Macho, aber trotzdem ganz witzig. Eigentlich stammte er aus Zürich, arbeitete aber schon seit einem Jahr auf den Malediven. Er hatte sich für ein Leben auf der Sonnenseite entschieden und versprühte seinen Charme bei den Touristinnen auf der Insel.

Als er mich traf, waren die anderen scheinbar vergessen. Und ich war dumm genug, ihm auf seine Masche reinzufallen. Er tauchte mit mir quer durch die Lagune und zeigte mir die buntesten Fische und die schönsten Korallen. Irgendwie hatte ich mich ein bisschen in ihn verliebt. Aus heutiger Sicht betrachtet weiß ich gar nicht mehr genau, ob ich mich nicht eher in die Palmen, das türkisfarbene Meer oder den schneeweißen Sandstrand verliebt habe.

Auf jeden Fall habe ich meinen Tauchlehrer noch zweimal auf seiner Insel besucht. Beim letzten Mal musste ich allerdings herausfinden, dass er außer mir auch noch von anderen Frauen Besuch bekam. Das begeisterte mich natürlich wenig. Ich beendete unsere Affäre und verließ meinen Sunnyboy und seine Insel. Wer weiß, vielleicht taucht er dort noch heute herum. Das einzige Positive, was diese Episode bei mir hinterlassen hat, ist, dass ich durch ihn die Faszination des Tauchens entdeckt habe. Schlechte Erfahrungen haben also oft auch eine gute Seite.

So viel also zu meinem Schweizer. Meine Freundin Alina durfte einmal in den Genuss eines französischen Liebhabers kommen, aber von dieser verhängnisvollen Liaison habe ich Ihnen schon im ersten Schlüssel zum Glück berichtet. Ihr Alain Delon war leider auch kein Glücksgriff.

Weiter führt uns die Männerexpedition nach Amerika. Da ich Verwandte in den USA habe und außerdem durch die Airline billige Flugtickets bekam, ergab es sich, dass ich öfter in Chicago war. Dort lebte meine Cousine, die ein „Sex and the City-Leben" wie aus dem Bilderbuch führte. Sie lebte mit zwei Single-Freundinnen in einem Penthouse und ihr Leben drehte sich in erster Linie um Mode, Männer und Immobilien. Sie war nämlich Maklerin. Und da gab es auch einen ganz interessanten Kunden, mit dem sie mich verkuppeln wollte.

Dan war ein Junggeselle, stammte eigentlich aus New York und musste jobbedingt nach Chicago; daher war er auf der Suche nach einer Wohnung. Meine Cousine Patricia organisierte ihm ein Apartment mit Blick auf den Michigansee und arrangierte als kleinen Extrabonus ein Date mit mir. Ich hatte zwar nicht vor, meinen Märchenprinzen in Übersee zu finden, beschloss aber dennoch, Dan eine Chance zu geben.

Ein Date mit einem Amerikaner ist immer sehr klassisch und fast ein bisschen konservativ. Dan holte mich im Hotel ab. Leider hatte er sehr wenig Ähnlichkeit mit Tom

Cruise, aber sein Lächeln war süß und er bemühte sich um mich. Zunächst gab es Cocktails am John Hancock Tower. Doch leider beflügelte mich der Drink über den Wolken nicht besonders. Zum Dinner hatte er einen Tisch in einem Steakhouse reserviert und anschließend stand ein Nachtclub am Programm.

Dan hatte unser Date wirklich perfekt organisiert, doch er kam mir dabei eher wie ein Reiseführer als ein Begleiter vor. Er unterhielt sich zwar ganz nett mit mir, aber als der Abend zu Ende ging, schien er trotzdem erleichtert. Woran das wohl lag? Sind wir Europäerinnen für Amerikaner wirklich so anstrengend? Mein Flug nach Hause ging am nächsten Tag.

Doch als ich wieder einmal in Chicago war, rief ich Dan an. Dieses Mal wollte ich unser Date planen und es wurde tatsächlich richtig nett und ganz ungezwungen. Wir waren im Kino, verdrückten jede Menge Popcorn und Dan gestand mir, dass er beim letzten Mal so verkrampft war, weil er unbedingt wollte, dass alles perfekt war. Eigentlich ganz süß, oder? Richtiges Herzklopfen bekam ich allerdings trotzdem nicht. Aber Dan und ich wurden gute Freunde.

Ja, bei so einer Männerexpedition erlebt man einiges. Natürlich gibt es bei jeder Nation im Dating ein paar Unterschiede. Ich machte allerdings die Erfahrung, dass es überall gute und schlechte Dates geben kann, ganz gleich, in welchem Land wir uns befinden.

Aus dem Märchen erfahren wir zwar nichts über miese Dates, aber wir lernen daraus, dass es manchmal auch Schwierigkeiten geben kann, zu denen wir auch unsere schlechten Erfahrungen zählen können. Wichtig ist, dass wir Enttäuschungen auch mit Würde tragen können. Wenn ein Mann nichts mehr von uns wissen will, müssen wir das akzeptieren, auch wenn wir innerlich vor Wut schäumen. Natürlich können wir auch um einen Mann kämpfen, aber bitte nicht zu offensichtlich!

Wenn sich ein Typ nach einem tollen Date nicht mehr meldet, sind wir zu Recht sauer! Aber was sollen wir tun? Selbst anrufen? Warum nicht? Eine Frau kann heute natürlich auch einmal einen Mann zuerst anrufen, der nächste Schritt sollte dann aber von ihm kommen. Sie können allerdings keinen Anruf erzwingen, indem sie verzweifelt darauf warten oder selbst immer wieder anrufen. Das macht Sie für einen Typen bestimmt nicht interessanter. Eher im Gegenteil. Glauben Sie mir: Wenn ein Typ Interesse an Ihnen hat, wird er anrufen.

Doch jetzt wieder zu den miesen Dates. Soll eine Frau einem Mann nach einem misslungenen Date noch eine Chance geben? Kann aus einem Frosch tatsächlich noch ein Märchenprinz werden? Die Geschichte vom Froschkönig zeigt uns, dass sich auch ein Frosch in einen Prinzen verwandeln kann. Die Frage ist nur, ob das auch im wirklichen Leben passieren kann. Die Antwort ist Ja!

Natürlich kann das passieren, wir wissen schließlich gar nicht genau, wie unser Prince Charming wirklich aussieht. Sicher haben wir gewisse Vorstellungen und das ist auch ganz in Ordnung so. Doch in Wahrheit sieht unser Märchenprinz in der Realität ganz anders aus, als wir ihn uns ausmalen. Natürlich ist der erste Eindruck wichtig, aber manchmal gibt es auch die Liebe auf den zweiten Blick. Schon im letzten Kapitel habe ich die Liebesgeschichte meiner Freundin Alina erzählt. Als sie Gregor begegnete, steckte sie in einer sehr schweren emotionalen Krise. Doch da kam Gregor und rettete sie.

Er war zwar ganz anders als alle bisherigen Männer in Alinas Leben und zunächst dachten wir alle, dass Alina nur eine Kompromisslösung mit Gregor einging. Doch in Wirklichkeit war es die große Liebe. Heute sind die beiden glücklich verheiratet, haben zwei Kinder und wohnen in einem schönen Heim.

Wichtig ist, dass uns ein Mann gut tut. Und wenn uns jemand gut tut, dann können wir uns auch in ihn verlieben. Also, entspannen Sie sich! Sie dürfen ruhig auch ein paar Frösche küssen, manche werden zum Prinzen, andere wieder nicht. Lassen Sie sich einfach vom Leben überraschen und seien Sie offen.

Meine Freundin Sylvie, die nach einer längeren Beziehung gerade Neo-Single ist, sagt oft, dass ihre Zeit so knapp bemessen ist, dass sie diese nicht mit Fröschen verbringen will. Das ist natürlich verständlich. Die Singlefrau von heute hat einen Fulltimejob, viele Freunde und zahlreiche Hobbys. Wo bleibt da noch die Zeit, um passende männliche Kandidaten genauer unter die Lupe zu nehmen? Und manchmal hat man lieber einen tollen Abend mit der besten Freundin auf der Couch als ein mieses Date mit einem Froschmann.

Sylvie ist vorsichtiger geworden. Während Frauen in den Zwanzigern noch zwanglos flirten und sich ganz ungezwungen mit Männern verabreden, liegen die Prioritäten einer Frau in den Dreißigern woanders. Nur gilt allerdings auch: Wer kein mieses Date mehr riskierten möchte, hat wahrscheinlich gar kein Date mehr. Denn wir können vorher nie wissen, wie sich eine Verabredung entwickelt.

Manchmal übernehmen unsere Freunde auch die Regie und versuchen, uns zu verkuppeln. Das kann einem manchmal ganz schön auf die Nerven gehen. Gebundene Frauen können es trotzdem nicht lassen, sich potenzielle Kandidaten für ihre Singlefreunde zu überlegen. Nehmen Sie es am besten mit Humor und freuen Sie sich über das Engagement Ihrer Freunde!

Menschen mit einem guten sozialen Netzwerk finden ihren Mr. Right meist schneller. Menschen, die keine

Freundschaften pflegen und wenig Zeit mit anderen Menschen verbringen, haben laut zahlreicher Studien auch ein größeres Risiko für Herzinfarkt, Krebs und Immunschwäche. Menschen, die viele Freunde haben, sind auch gesundheitlich fitter. Wer nach einem Lebenspartner sucht, sollte also zunächst Freunde fürs Leben finden. Und: Wer Freunde hat, entkommt der Einsamkeitsfalle.

Selbst wenn Sie Single und alle Ihre Freunde in fixen Partnerschaften sind, ist das kein Grund, Trübsal zu blasen. Im Gegenteil: Nehmen Sie am Leben Ihrer Freunde teil. Natürlich will man nicht immer das dritte Rad am Wagen sein, aber manchmal kann es auch Spaß machen, gemeinsam mit einem Paar etwas zu unternehmen. Sollten Freunde von Ihnen bereits Kinder haben, dann schnuppern Sie einfach in die Elternschaft rein. Ihre Freunde freuen sich bestimmt, wenn Sie einmal einen Babysitterdienst anbieten.

Wer sich also schon als Single auf ein Beziehungsleben einstellt und dafür interessiert, hat sicher die besseren Karten auf der Suche nach Mr. Right. Und was passiert, wenn Sie Ihre Freunde verkuppeln wollen? Bleiben Sie offen. Wer weiß, vielleicht ist ja bei den Kandidaten, die Ihre Freunde für Sie aussuchen, einmal ein interessanter Mann dabei. Immerhin kennen Sie Ihre Freunde ja am besten. Und wenn nicht, gibt es einen Frosch mehr, den Sie abhaken können.

An dieser Stelle muss ich gestehen, dass ich eine leidenschaftliche Kupplerin bin. Mein Mann und ich haben im letzten Jahr unsere kirchliche Hochzeit gefeiert und ich habe bei der Hochzeitstafel sogar einen Singletisch arrangiert. Auch die Gästeliste habe ich so geplant, dass es für jede Singlefrau auf meiner Hochzeit den passenden Singlemann dazu gab. Mein Pech war nur, dass ich von drei Singlemännern kurzfristige Absagen bekam, und letztendlich blieb ein Singlemann für vier Singlefrauen übrig – was die Braut, die sich zu kuppeln traut, ein bisschen nervös machte.

Mein einziger Singlemann war also „Hahn im Korb" und genoss diese Rolle sichtlich. Er pendelte von einer Singlefrau zur anderen, geklappt hat es aber leider mit keiner. Aber das Witzige ist: Befreundet ist mein Hahn im Korb heute mit jeder Frau aus seinem Hochzeitsharem. Verkuppelungsaktionen klappen leider nicht immer, aber mal sehen, was da noch passiert!

Wenn Sie selbst gebunden sind und Ihre beste Freundin an den Mann bringen wollen, habe ich hier noch ein paar Tipps:

- Bleiben Sie lustig und nehmen Sie die Aktion nie allzu ernst!
- Weihen Sie Ihre Freundin in den Plan ein. Überrumpeln Sie sie nicht mit einem potenziellen Kandidaten.
- Ideal sind Dates zu viert. Laden Sie Ihre Freundin und den von Ihnen Auserwählten zum Dinner ein. Oder gehen Sie zu viert ins Kino.
- Wenn Ihnen die Vierer-Dates zu offensichtlich sind, laden Sie mehrere Leute ein. Achten Sie aber darauf, dass sich nicht zu viele Pärchen in der Runde befinden. Ihre Gäste sollten eine lockere, ungezwungene Atmosphäre verbreiten.
- Sie können das Treffen arrangieren, aber mehr schon nicht. Alles andere liegt an Ihrer Freundin. Drängen Sie sie nicht. Schließlich können wir niemanden zu seinem Glück zwingen.

Sollten Sie sich allerdings in der Rolle der Freundin befinden, die verkuppelt werden soll, dann sind diese Tipps für Sie hilfreich:

- Reagieren Sie nicht sauer, wenn Sie erfahren, dass Ihre Freundin Sie verkuppeln will. In den meisten Fällen meinen es unsere Freunde nur gut und wollen das Beste für uns.

- Bleiben Sie also möglichst gelassen und lassen Sie sich von dem für Sie Auserwählten überraschen.
- Sollte der betreffende Typ ganz und gar nicht Ihren Erwartungen entsprechen, bleiben Sie dennoch höflich, aber distanziert.
- Wenn es jedoch tatsächlich funken sollte, dann ist das natürlich auch für die Kupplerin ein Grund zur Freude. Lassen Sie sie an Ihrem Glück teilhaben, bewahren Sie aber Intimitäten für sich. Ihre Freundin soll ja nicht Teil Ihrer neuen Beziehung werden.

Auch Alina konnte einmal als perfekte Kupplerin fungieren. Sie stellte einer Freundin den Freund ihres neuen Lovers vor. Heute sind die beiden verheiratet und haben eine Tochter. Alinas Lover hat sich allerdings schon lange aus dem Staub gemacht, was für sie natürlich das Beste ist – denn sonst hätte sie ihren Gregor wohl kaum gefunden.

Ein gutes Netzwerk aus Freunden macht uns also beziehungsfähiger. Worauf kommt es noch an? Kennen Sie diese Frage: Warum sind es immer die anderen, die ihren Traummann finden, heiraten und Babys bekommen? Warum bleibe ich übrig?

Wenn Ihnen dieses Gefühl bekannt vorkommt, dann ziehen Sie die Notbremse. Begeben Sie sich bitte nicht selbst in die Aschenputtel-Rolle! Auch im Märchen sucht Aschenputtel oder Cinderella einen Weg aus ihrer aussichtslosen Situation. Entscheidend ist, dass sie aus ihrer Lage raus will. Sie gibt ihre Hoffnungen und Träume nicht auf, und das gibt ihr den entscheidenden Lebensmut. Sie will Großes und sie erreicht Großes. Wer vom Leben nicht viel erwartet, wird auch genauso wenig bekommen. Aber wer trotz Rückschlägen einfach nicht aufgibt, wird irgendwann gewinnen.

Als Teenager ging es mir oft ähnlich. Immer waren es die anderen, die von ihrem Freund am Moped abgeholt wurden. Auf mich wartete niemand! Und es kam noch schlimmer. Als ich meinen ersten Tanzkurs belegte, fand ich keinen Partner. Dabei begann alles so toll. Als ich am ersten Tanzabend von dem süßesten Jungen im Kurs zum Tanzen aufgefordert wurde, war ich sprachlos. Im wahrsten Sinn des Wortes: Ich redete kein Wort mit dem armen Jüngling.

Mein Charme war unter dem Gefrierpunkt, aber nicht aus Arroganz, sondern aus Unsicherheit. Natürlich pendelte mein Verehrer schnell zu einem anderen Mädchen. Und ich blieb zurück. Die anderen waren mir nicht gut genug. Und als es letztendlich darum ging, für die Balleröffnung einen Partner zu finden, waren alle schon vergeben. Ich war natürlich untröstlich und fühlte mich wie das hässliche Entlein, das keiner haben wollte. Die Wahrheit war, ich hatte mir selbst diese Rolle zugeteilt.

Die Balleröffnung verlief dann entsprechend schrecklich. Während meine Schulkolleginnen ihre erste Liebe erlebten, wurde mir ein Partner zugeteilt, von dem ich nicht schnell genug flüchten konnte. Nach diesem Abend beschloss ich, dass mir das nicht mehr passieren würde. Ich wollte nie wieder übrig bleiben! Die Außenseiterrolle, die ich als Teenager geführt hatte, gab ich einfach ab. Und es gelang mir auch wirklich durch mein aktives Zutun, dieses Muster zu durchbrechen. Ich fand neue Freunde, einen tollen Job und jede Menge Selbstbestätigung auch von Männern. Ich gebe zu, dass es nicht leicht war, diese Rolle abzugeben und mich anders zu verhalten, aber ich habe es geschafft.

Wer als Erwachsener hingegen in der Aschenputtel-

Rolle verharrt, hat es schwerer als im Teenageralter. Meine Freundin Sylvie war nach der Trennung von ihrem letzten Freund einmal richtig verzweifelt. Doch bewundernswert an ihr war, dass sie einen Schlussstrich zog, obwohl sie wusste, dass es für Singlefrauen in den Dreißigern gar nicht so leicht da draußen ist. „Es ist eine Restplatzbörse. Und die wenig interessanten Männer, die da übrig sind, haben meist alle ein Problem", so Sylvie.

Ich kann sie gut verstehen. Natürlich ist es nicht einfach. Aber es stellt sich die Frage: Sind wirklich die besten Männer weg vom Markt? Muss man sich mit dem Ausverkauf zufrieden geben? Ich glaube das nicht, immerhin gibt es bei den Männern genauso wie bei den Frauen viele Neo-Singles, die wieder ganz neu im Geschäft sind.

Ein Problem, das der Singlefrau in den Dreißigern aber sicher zu schaffen macht, hat nur mit ihr selbst zu tun. Es ist die biologische Uhr, die ganz verstohlen bei jedem Date im Hintergrund tickt: Tick, tack, tick, tack. Natürlich wollen Sie einmal Kinder. Irgendwann. Doch erst muss einmal der passende Mann her und dann werden Sie es schon sehen. Doch die Sache ist die: Während Sie in den Zwanzigern scheinbar alle Zeit der Welt haben, suggeriert Ihnen in den Mittdreißigern eine innere Stimme, dass ihre fruchtbare Zeit abläuft. Sie bekommen Stress. Doch wer alles sofort haben will, bekommt es möglicherweise gar nicht.

Der Tipp der Cinderella-Strategie lautet in dieser Sache: Nehmen Sie den Druck aus der Situation. Wenn Sie jeden Mann, dem Sie begegnen, sofort als möglichen Vater Ihrer Kinder abtesten, ist das sicher nicht die optimale Ausgangsposition für einen ungezwungenen Flirt. Ich habe zum Beispiel eine Freundin, die den Mann fürs Leben erst mit vierzig Jahren kennengelernt hat. Mit zweiundvierzig Jahren wurde sie Mutter eines gesunden Jungen.

Also bitte, werden Sie nicht nervös. Es wird auch für Sie

den passenden Zeitpunkt und den richtigen Mann geben. Wenn Sie sich wirklich Kinder wünschen, werden Sie diese auch bekommen, es gibt immer einen Weg. In den Vierzigern wird das Dating dann wieder entspannter. Entweder haben Sie schon Kinder oder Sie schließen das Kapitel mit Ende Vierzig ab und lassen sich ganz einfach davon überraschen, was das Leben für Sie sonst bereithält.

Meine Mutter hat einmal zu mir gesagt, dass Vierzig das beste Alter für eine Frau ist. Eine Frau mit Vierzig ist am Höhepunkt ihrer Schönheit, sie hat genug Erfahrungen gesammelt und ist mit sich selbst im Einklang. Und wer sich selbst gefunden hat, findet auch seinen ganz persönlichen Märchenprinzen.

Wer verheiratet ist, findet nach den ersten Turbulenzen einer Ehe in den Vierzigern und Fünfzigern auch endlich ein konstantes Hoch. Die ersten Jahre einer Ehe sind oft die schwierigsten. Wer miteinander Krisen bewältigt und Höhen und Tiefen kennengelernt hat, ist gestärkt für ein ganzes Leben. Lesen Sie dazu noch im siebten Schlüssel zum Glück: „Happy ohne Ende! Was passiert, wenn Sie Ihren Märchenprinzen gefunden haben"

Meine Eltern, die in den jungen Jahren ihrer Ehe auch mit vielen Problemen zu kämpfen hatte, erleben jetzt ihren zweiten Frühling, reisen viel und machen einander das Leben schön. Und so sollte es auch sein! Denn gemeinsam ist das Leben einfach schöner als alleine. Wenn wir einen schönen Moment mit unserem Partner teilen können, wird er doppelt so schön.

Für Frauen in reiferen Jahren ist die Liebe genauso wichtig wie für die Jungen. Wer mit der Liebe vorzeitig abschließt, weil er glaubt, dass er in seinem Alter ohnehin niemanden mehr finden kann, begeht einen schweren Fehler. Natürlich wandelt sich die Liebe mit den Jahren und zeigt andere Facetten, doch Liebe und das Verliebtsein sind im Alter noch genauso schön wie im Anfang. Natürlich kann Ihnen das Leben auch im Alter miese Dates nicht ersparen, da müssen Sie leider durch. Wichtig ist: Nehmen Sie es mit Humor!

Der vierte Schlüssel zum Glück in Kürze

Auch Prinzessinnen müssen Frösche küssen!
Nehmen Sie miese Dates mit Humor

- Nicht der erste Mann im Leben muss Mr. Right sein! Aber durch schlechte Erfahrungen entwickeln wir uns weiter. Wer weiß, was er nicht will, findet schneller, was er will.
- Tragen Sie Enttäuschungen mit Würde! Laufen Sie keinem Mann hinterher und verhalten Sie sich auch bei Trennungen königlich. Wenn es ein Mann wirklich wert ist, wird er ohnehin zu Ihnen zurückkommen.
- Wer ein gutes Netzwerk aus Freunden hat, ist beziehungsfähiger! Manchmal gelingt es, dass wir mit unseren Freunden auch über Enttäuschungen lachen können.
- Geben Sie Männern eine Chance! Wer kein mieses Date riskieren will, hat vielleicht überhaupt kein Date mehr. Nehmen Sie misslungene Dates mit Humor.
- Auch aus einem Frosch kann ein Prinz werden! Es gibt die Liebe auf den zweiten Blick.
- Behalten Sie Ihre Leichtigkeit! Natürlich wird das Dating im zunehmenden Alter manchmal schwieriger; machen Sie sich dennoch keinen Stress.

Retten Sie sich selbst aus der Aschenputtel-Rolle! Sie werden nicht übrig bleiben und müssen auch kein Restplatzangebot nutzen. Sie finden den Mann Ihrer Träume, Ihren ganz persönlichen Märchenprinzen.

Der fünfte Schlüssel zum Glück

Der Schuh muss passen! Investieren Sie Ihre Energie nur in einen Mann, der es auch wert ist

Cinderella läuft die Treppen hinunter, fort von ihrem Prinzen und verliert dabei einen gläsernen Schuh. Der Prinz findet ihn. Er weiß, dass die Frau, der dieser Schuh passt, die Frau fürs Leben ist.

Nicht nur im Märchen, auch in der realen Welt muss der Schuh passen. Und wenn der Schuh passt, lohnt es sich auch, um eine Liebe zu kämpfen. Wichtig ist, dass Sie Ihre volle Energie nur in einen Mann investieren, der es auch wert ist. Doch woran erkenne ich einen Mann, der es wert ist?

Als ich meinen Mann traf, wusste ich sofort, dass er anders war als alle Männer, die ich bisher kennengelernt hatte. Einfühlsam, liebevoll, bemüht und leidenschaftlich eroberte er mein Herz. Ich fühlte mich einfach gut mit ihm. Und was noch bemerkenswert war: Er holte das Beste aus mir heraus. Denn durch seine Liebe zur Musik hatte er mich wieder zu meiner Leidenschaft, dem Schreiben, zurückgeführt und dafür bin ich ihm sehr dankbar.

Natürlich waren meine Jahre bei der Airline sehr lustig und ich lernte viele neue Menschen, Kulturen und andere Länder kennen; dennoch erkannte ich, dass mein Leben in vielen Bereichen recht oberflächlich abgelaufen war. Erst durch meinen Mann lernte ich, manche Dinge wieder aus einer anderen Perspektive zu sehen und fand den Weg zurück zu mir selbst.

Einen Mann, der es wert ist, erkennen Sie also daran, dass er Ihnen zeigt, dass Sie eine tolle Frau sind. Ein Mann, der er es wert ist, macht Sie nicht klein, sondern groß. Wenn Sie sich in der Gegenwart eines Mannes interessant, unschlagbar und unwiderstehlich fühlen, liegen Sie mit Ihrer Wahl richtig. Ein Mann, der Sie nicht verändern, jedoch das Beste aus Ihnen herausholen will, ist garantiert ein guter Fang. Ein Mann, der Sie groß werden lässt und sich mit Ihnen und Ihrem Erfolg freuen kann, ist Mr. Right. Und auf einen Mann, der Ihren Blick für das Wesentliche schärft, können Sie bauen. Für so einen Mann können Sie Ihre Energie investieren. Für so einen Mann lohnt es sich auch zu kämpfen!

Wenn sich zwei Menschen kennenlernen und ineinander verlieben, treffen zwei Welten aufeinander. Jeder hat sein eigenes Leben, seine eigene Sicht der Dinge. Wir müssen nicht in jedem Punkt miteinander übereinstimmen, manche Standpunkte werden wir auch dem anderen gegenüber verteidigen, aber in vielen Dingen werden wir uns annähern und letztendlich treffen.

Auch als meine Freundin Alina ihren Gregor kennenlernte, waren sie zunächst in vielen Dingen verschieden. Anfangs hätte ich nicht gedacht, dass die lebenslustige und offene Alina in dem eher ernsten und ein bisschen konservativen Gregor den Mann fürs Leben finden sollte. Doch Gregor schaffte es, in Alina Wünsche zu wecken, von denen sie gar nicht wusste, dass sie sie hatte. Gregor hat wiederum durch Alinas Leichtigkeit und fröhliche Art profitiert.

So sollte es in der Liebe sein. Wir verlieben uns nicht, damit wir einander das Leben schwer machen, sondern damit wir es uns leichter, besser und schöner machen. Und damit wir aneinander gewinnen können.

Natürlich sind wir auch als Single glücklich und fabelhaft. Die Redewendung „single & fabulous“ ist uns seit „Sex and the City“ ein Begriff. Auch unsere Heldinnen aus dem Märchen waren ohne Prinz glücklich, Schneewittchen etwa, die in einer Idylle mit den Sieben Zwergen lebte. Wir haben mittlerweile jedoch gelernt, wie wichtig es ist, dass wir uns selbst lieben, damit wir auch andere lieben können. Dennoch ist das Leben zu zweit einfach besser. Ich muss sogar sagen: Meine schlimmsten Momente zu zweit waren besser als die schönsten alleine.

Auch wenn wir unser Singleleben genießen, die Beziehungen zu unseren Freunden pflegen und Spaß im Job haben sollen, will ich Ihnen nicht vorgaukeln, dass das unser Ziel wäre. Das Singledasein sollte eine Übergangssituation sein, die uns ganz zu uns selbst finden lässt, damit wir bereit sind für ein Leben mit dem anderen. Letztendlich sind wir doch alle auf der Suche nach der großen Liebe, einer Liebe wie im Märchen. Wir wollen wach geküsst werden wie Schneewittchen von ihrem Prinzen.

Wesentlich ist, dass wir diese Suche nach Liebe und unserem Märchenprinzen nicht als mühsam empfinden. Wir sollen dabei Spaß haben – und zwar so viel wie möglich! Dabei kommen natürlich wieder unsere hilfreichen Freunde ins Spiel, wie ich bereits im vierten Schlüssel zum Glück erläutert habe.

Auch das Internet hat sich heute als beliebte Dating-Plattform etabliert. Im Internet lassen sich recht einfach Gleichgesinnte finden und ich kenne einige Beziehungen, die online ihren Ursprung hatten. Spätestens seit dem wunderschönen Liebesroman „Gut gegen Nordwind" von Daniel Glattauer oder dem Hollywood-Märchen „E-Mail für dich" mit Tom Hanks und Meg Ryan wissen wir, dass ein Liebesstart auch über E-Mails gelingen kann. Zwei Menschen lernen einander zufällig online kennen, beginnen einen Flirt und verlieben sich letztendlich ineinander, trotz aller Widrigkeiten. Liebe kennt also keine Grenzen, und schon gar nicht im Netz. Wagen Sie also den Schritt und lassen Sie sich überraschen.

Meine Freundin Daniela hat den Mann ihres Lebens über Facebook kennengelernt. Nachdem sie der Vater ihrer Kinder wegen einer anderen Frau verlassen hatte, war Daniela untröstlich. Am liebsten hätte sie der Männerwelt für immer abgeschworen. Sie versteckte sich ein Jahr lang zu Hause und investierte ihre ganze Energie in ihre Kinder. Trotz aller Überredungskünste gelang es meiner Freundin Alina und mir nicht, sie zurück in die wirkliche Welt zu locken. Sie hatte ihr komplettes Selbstbewusstsein verloren und wusste nicht, wie sie es wieder zurückgewinnen sollte.

Im Internet fand sie einen Weg: Sie lernte Tom kennen. Daniela und Tom entdeckten, dass sie viele Gemeinsamkeiten hatten. Trotzdem dauerte ihr Dating im Netz einige Monate, bis sie den Schritt zum Blind Date wagten. Jeder, der schon einmal ein Blind Date hatte, weiß, dass man sich in dieser Situation auf einen sehr unsicheren Boden begibt. Wer alleine in einem Lokal sitzt und nicht weiß, was ihn erwartet, fühlt sich immer irgendwie eigenartig. Der Vorteil für Daniela und Tom war, dass sie sich durch ihre Mails bereits recht gut kannten. Tom wusste, was das Lieblingsspielzeug ihrer Kinder war und er hatte Daniela verraten, was seine Lieblingsschokolade war.

Als sie sich zum ersten Mal im Kaffehaus trafen, wussten beide bereits, welchen Kaffee sie füreinander bestellen konnten. Daniela liebte Cappuccino mit viel Milchschaum und Tom bevorzugte seinen Kaffee kurz, heiß und stark: Espresso. In ihrem Fall hatte das Blind Date Erfolg. Heute leben die beiden glücklich zusammen. Man mag über die Liebe im Internet auch Vorurteile haben, dennoch ist das Netz eine neue Dating-Plattform, die wir nicht ungenutzt lassen sollten.

Natürlich muss man trotzdem vorsichtig sein. Auch meine Freundin Sonja lernte einmal einen Mann über eine Dating-Plattform im Internet kennen. Chris war Fußballtrainer und sehr attraktiv. Man beschnupperte sich per Mail, das erste Treffen folgte aber ziemlich rasch. Schon beim zweiten Date fuhren sie gemeinsam zu einem Haus, das Chris kaufen wollte, für Sonja und sich. Angeblich hatte er sich Hals über Kopf in Sonja verliebt. Auch Sonja hatte Sterne in den Augen, doch sie war ein bisschen erschrocken über seine Eile. Würde er ihr schon morgen einen Heiratsantrag machen?

Sie verhielt sich zurückhaltend und wollte vorerst abwarten. Doch Chris blieb beharrlich in seinem Werben. War er der Mann, der es wert war? Sonja stellte sich diese Frage immer wieder und diskutiert sie auch öfter mit mir. Letztendlich warf sie alle Bedenken über den Haufen, fuhr zu Chris und sagte ihm, dass sie bereit war, das schöne Haus am See mit ihm zu kaufen. Doch zu ihrer Verwunderung machte Chris plötzlich einen Rückzieher. Sonja erkannte, dass Chris ein Mann war, der sich nur aktiv um jemanden bemühte, wenn er ihn nicht haben konnte.

Das ist ein bekanntes Phänomen unter Männern – und da soll noch einer sagen, dass wir Frauen die komplizierten Geschöpfe wären. Chris zog sich also zurück und Sonja verstand nicht, was sie falsch gemacht hatte. Sie grübelte und suchte den Fehler zunächst bei sich selbst. Doch dann fand sie das Profil von Chris auf vielen einschlägigen Internetseiten, er hatte also seit ihrem Kennenlernen weiterhin nach der perfekten Frau im Netz gesucht. Sonja war nie seine Traumfrau gewesen, sie war auf einen Betrüger hereingefallen. Natürlich kann es auch solche Stolpersteine im Internet geben, da will ich Ihnen gar nichts vormachen.

Der Tipp der Cinderella-Strategie lautet in diesem Zusammenhang: Sie sollen Spaß beim Online-Dating haben, keine Frage, aber dabei wachsam und vorsichtig bleiben. In alten Märchenzeiten gab es noch kein Internet; vielleicht hätte der Prinz einen Boten oder eine Brieftaube losgeschickt, um seine Cinderella zu erreichen. Am liebsten hätte er sich wohl selbst auf sein Pferd gesetzt und seine Prinzessin gerettet. Die direkte Kommunikation ist eben immer noch die beste. Doch andererseits stellt sich natürlich die Frage, ob für Cinderella & Co der Computer das Liebesleben nicht doch auch ein bisschen leichter gemacht hätte.

Die Technik hilft uns heute also in Liebesdingen auf die Sprünge. Denken wir nur an geheime Botschaften: Während wir früher Liebesbriefe schreiben und diese langwierig per Post verschicken mussten, genügen heute drei Buchstaben: SMS. Ein SMS ist wohl das beliebteste Medium unserer Zeit, um Liebesbotschaften zu übermitteln. Ein SMS ist unverfänglicher als ein Anruf und setzt trotzdem ein Zeichen. Seit es SMS gibt, müssen Frauen nicht mehr warten; wir dürfen und sollen aktiv werden.

Als ich meinen Mann kennengelernt habe, war SMS unsere Kontaktbotschaft Nummer eins. Wir haben unsere ersten Dates nur per SMS vereinbart. Er konnte die weltbesten Liebesbotschaften schicken. An eines seiner SMS erinnere ich mich noch genau: „Ich befürchte, ich habe mich sehr in dich verliebt." Auch das erste „Ich liebe dich" kam per SMS.

Dank SMS und E-Mail schaffen es sogar Männer, die emotional blockiert sind, ihren Gefühlen freien Lauf zu lassen. In der Kürze liegt also die Würze: Während man in einem Mail noch um den heißen Brei herumreden kann, bringt das SMS die Liebe auf den Punkt. Doch bevor ich mich in Lobeshymnen über SMS vergesse: Es gibt dennoch ein paar Regeln, die Sie beachten müssen.

Folgende Situation: Sie lernen an einem Abend einen interessanten Mann kennen und beim Abschied haben sie beide Lust auf ein Wiedersehen. Er ist aber ohne Handy unterwegs und kann daher Ihre Nummer nicht einspeichern. Sie haben ihr Handy zur Hand und speichern seine Nummer. Natürlich stellt sich hier die Frage, ob der Typ auch wirklich interessiert ist. Schließlich hätte er sich ja Ihre Nummer auch auf seine Hand kritzeln können. Andererseits: Die Ausgangssituation ist für Sie perfekt! Denn Sie haben nun die Fäden in der Hand.

Rufen Sie den Typen nicht gleich an, sondern schicken Sie ihm erst einmal nur ein Zeichen, denn er selbst hat ja Ihre Nummer noch nicht. Dafür ist das SMS optimal! Senden Sie ihm also eine Nachricht, am besten noch am selben Abend, es sei denn, Sie wollen es noch ein bisschen spannend für ihn machen. Auf diese Nachricht muss jedoch umgehend eine Antwort folgen. Meldet er sich nicht sofort, ist er wahrscheinlich nicht interessiert. Meldet er sich allerdings, dann ist das Spiel eröffnet.

Nebenbei sei bemerkt, dass mein Mann und ich uns auf diese Weise kennenlernten. Obwohl ich den ersten Schritt tat – er hatte meine Telefonnummer nicht –, war er sehr interessiert. Für mein erstes SMS hat er mich mit hunderttausenden süßen Liebesbotschaften belohnt, und er schreibt sie bis heute.

Grundsätzlich gibt es im Hinblick auf SMS zwei Sorten von Männern. Es gibt die Kategorie Männer, die sofort auf ein SMS antwortet und selbst gerne schreibt. Und es gibt die zweite Sorte Männer, die nicht sofort reagiert und selbst lieber anruft, als zu schreiben. Sie können aber auch einen Mann zum SMS-Schreiben erziehen, wenn Sie das möchten. Nehmen Sie zum Beispiel immer nur den Kontakt über SMS auf, rufen Sie niemals an. So merkt er, dass Ihnen diese Art der Kommunikation sympathisch ist, und wird ebenfalls zum Tippen beginnen, wenn er an Ihnen Interesse hat.

Wenn es einen Menschen gibt, mit dem Sie gerne wieder einmal in Kontakt treten würden, dann schicken Sie ein SMS: Das ist nett und unkompliziert. Selbst wenn der betreffende Mann gebunden sein sollte, stören Sie mit einem SMS kaum seine Privatsphäre, es sei denn, seine Partnerin überprüft sein Handy. Achten Sie allerdings darauf, dass Sie ein SMS nicht zu später Stunde schicken, außer der betreffende Mann ist Single und Sie wollen, dass er weiß, dass Sie vorm Einschlafen an ihn denken.

Grundsätzlich gilt: Die beste Zeit für ein SMS ist tagsüber. Auch hierbei gibt es Unterschiede. Dem gebundenen Mann, mit dem Sie flirten wollen, schicken Sie die Nachricht von Montag bis Freitag zur Arbeitszeit. Dann können Sie sicher sein, dass seine Partnerin nicht da ist, wenn das Handy brummt. Allerdings hat er vielleicht gerade zu tun und Sie müssen auf die Antwort ein bisschen warten. Dem Singlemann schicken Sie das SMS am besten auch von Montag bis Freitag, allerdings so gegen 17 Uhr. Dann ist der Job meist erledigt, er hat den Kopf frei und Zeit, auf Ihre Nachricht zu reagieren.

Wenn der Mann, der Sie interessiert, gebunden ist und Sie es vielleicht auch sind, sollten Sie natürlich am besten überhaupt kein SMS schicken. Das wissen Sie natürlich, haben aber trotzdem Lust auf einen Flirt? Hier gilt: Selbst ein SMS muss nicht harmlos sein. Aber natürlich dürfen Sie die Nachricht verschicken, wenn Sie unbedingt möchten. Erklären Sie das Wochenende jedoch zur SMS-freien Zone. Wer am Wochenende ein SMS verschickt, egal ob an einen gebundenen oder an einen Singlemann, gibt folgendes Signal: „Ich denke an dich, weil ich Zeit habe. Ich fühle mich einsam und würde mich gerne mit dir treffen.“

Selbst wenn Sie nur ein simples „Wie geht es dir?“ tippen, der Zeitpunkt für die Liebesbotschaft ist entscheidend. Und kommen Sie bitte auch nicht in Versuchung, ein SMS mitten in der Nacht zu verschicken, wenn Sie von einem Abend mit ihren Freundinnen zurückkommen. Mit einem SMS kann es so sein wie mit einem One Night-Stand. Was wir im leicht angeheiterten Zustand tun, könnten wir am nächsten Tag bereuen. Ich weiß, die Versuchung ist groß. Und es kann auch Spaß machen, feuchtfröhliche Botschaften an Männer zu schicken. Trotzdem sollten Sie es besser lassen. Wenn Sie am nächsten Tag immer noch Lust haben, eine Nachricht zu verschicken, dann tun Sie es besser dann.

Falls Sie einem Mann ein SMS schicken möchten, weil Sie sich gerne mit ihm treffen wollen, dann versenden Sie einfach ein „Wie geht es dir?“ Sollte er auf diese Nachricht nicht reagieren, will er sich wahrscheinlich nicht mit Ihnen treffen. Wenn er sich treffen will, wird er sich melden. Doch die Frage nach einem Treffen sollte er stellen und nicht Sie.

Was tun, wenn Sie von einem Mann ein SMS bekommen, der Sie nicht interessiert? Machen Sie es wie die Männer: Ignorieren Sie es elegant. Verzichten Sie darauf, einen kleinen Roman als Nachricht zu tippen und ihm zu erklären, warum Sie sich nicht mit ihm treffen wollen. Männer verkraften eine Abfuhr viel leichter als wir Frauen. Das Prinzip „Auf zur nächsten Prinzessin“ beherrschen Sie ziemlich gut. Also machen Sie sich bitte keine Gedanken um einen Mann, den Sie kaum kennen. Wir sind nicht jedem Mann eine Erklärung schuldig. Denn: Der Schuh muss passen! Investieren Sie Ihre Energie nur in einen Mann, der es auch wert ist.

Gerade haben wir gelesen, dass ein SMS eine perfekte Liebesbotschaft sein kann. Dennoch gibt es einige Dinge, die wir per SMS nicht tun sollten. Zum Beispiel: Eine Beziehung beenden. Etwa wie Britney Spears und Kevin Featherline. Machen Sie per SMS nie Schluss, das ist nur feige. Wenn man eine Beziehung beendet, sollte man sich noch in die Augen sehen und gegenübertreten können.

Im ersten Schlüssel zum Glück habe ich Ihnen davon erzählt, dass einmal ein Typ auf dem Postweg mit mir Schluss gemacht hat. Per Expressbrief – erinnern Sie sich? Auch nicht viel besser! Wichtig ist, dass wir trotz der ganzen Kommunikationstechnologie noch offen mit unserem Partner sprechen können. SMS hin, SMS her: Das direkte Wort zählt immer noch am meisten!

Aber nun zurück zum Kernthema dieses Kapitels: Der Schuh muss passen! Investieren Sie Ihre Energie nur in einen Mann, der es auch wert ist.

Wir haben bereits gehört, dass ein potenzieller Mr. Right das Beste aus uns herausholen kann. Und wir haben auch über die modernen Kommunikationstechnologien, die die Suche nach Liebe erleichtern können, gesprochen. Natürlich kann man einen Mann, den man im Internet kennen lernt, schon vorab anhand seines Persönlichkeitsprofils prüfen; dabei fallen bereits viele Männer durch den Rost. Trotzdem sollten wir nicht den Fehler machen und unseren Märchenprinzen unzählige Bewährungstests durchlaufen zu lassen, bevor wir ihm eine Chance geben.

Der Philosoph Richard David Precht beschreibt in seinem Buch „Liebe, ein unordentliches Gefühl“ sehr treffend, dass es Menschen gibt, die sich nur in ein Lächeln verlieben können. Es gibt Männer, die ältere Frauen lieben, und Frauen, die jüngere Männer lieben. Liebe kann über Gesellschaftsgrenzen hinausgehen und völlig neue Dimensionen erreichen. Wer seinem potenziellen Mr. Right nach einem Kurzcheck laufen lässt, nimmt seiner Liebe die Leichtigkeit. Eine meiner Freundinnen hat einmal einen Kerl abserviert, weil er ihre Frühstücksgewohnheiten nicht geteilt hat. Das ist sicher zu vorschnell!

Natürlich stellt sich jetzt die Frage, wie eine Frau herausfinden soll, ob der potenzielle Mr. Right auch ein Mann ist, der es wert ist, Energie in ihn zu investieren. Wie stelle ich fest, ob der Schuh passt, wie im Märchen von Cinderella? Der Prinz lässt den Schuh verschiedene Frauen anprobieren, um seine Auserwählte zu finden. Das dürfen Sie selbstverständlich auch. Aber führen Sie nicht sofort einen beinharten Test durch, lassen Sie Ihren potenziellen Mr. Right lieber eine Probephase durchlaufen.

Wie in jedem neuen Arbeitsverhältnis gibt es auch in einer Beziehung eine Testphase, die sich über einen gewissen Zeitraum erstrecken sollte. Denn wenn wir einen Menschen nicht wirklich gut kennen, können wir auch nicht über ihn urteilen. Jeder Mensch hat Fehler, das ist authentisch. Und Perfektion ist ohnehin langweilig, wer will schon einen vollkommenen Mann? Natürlich wäre es manchmal ganz schön für uns, Mr. Perfect an unserer Seite zu wissen. Aber mal ehrlich: Das würde uns doch auch fürchterlich stressen. Wenn unser Gegenüber total fehlerlos ist, würden unsere eigenen Unzulänglichkeiten wahrscheinlich unerträglich werden und die Beziehung wäre zum Scheitern verurteilt. So ist es also gut, dass wir so bleiben, wie wir sind. Und auch den anderen so lassen, wie er ist.

Und da wären wir bereits bei einem nächsten Punkt der Cinderella-Strategie: Ein Mann, der es wert ist, dass wir Energie in ihn investieren, ist ein Mann, der uns so liebt, wie wir sind – nicht wie wir sein sollten. Er ist ein Mann, der neben uns und nicht über uns steht. Und er ist ein Mann, der nicht nur unser Herz, sondern unsere Seele berührt. Wenn uns am anderen gewisse Dinge furchtbar stören, sind das meist auch die Punkte, die wir an uns selbst kritisieren würden. Schön ist, wenn wir lernen können, so manchen Fehler am anderen zu lieben.

Wir haben bisher über große Dinge gesprochen, die einen Menschen für uns in einer Liebesbeziehung ganz besonders machen. Was ist noch wichtig? Natürlich spielen auch die Erotik und Sexualität eine bedeutende Rolle. Alle Frauen träumen von einem guten Liebhaber, einem Menschen, mit dem sie alle sexuellen Bedürfnisse und Wünsche realisieren können.

Heutzutage möge man oft meinen, man solle die Sexualität nicht überbewerten. Wichtig für eine Beziehung ist auch, dass man gut befreundet ist. Es gibt sogar Trendforscher, die einer platonischen Beziehung eine längere Lebensdauer geben als einer erotischen. Fakt ist jedoch: Wenn es im Bett auf Dauer nicht klappt, wird jede Liebe irgendwann in schlimme Turbulenzen geraten. Worauf kommt es also an?

90% aller Probleme im Bett sind Verständigungsprobleme, darüber sind sich Paartherapeuten einig. Sex ist ein heikles Thema und gerade, wenn Sie jemanden noch nicht lange kennen, ist es schwierig, gewisse Dinge anzusprechen. Der Psychoanalytiker und Sexualtherapeut Jack Morin hat in seinem Buch „Erotische Intelligenz" zehn Spielregeln der erotischen Kommunikation verfasst.

Wichtig ist, dass Sie Ihren Partner nicht sexuell abwerten. Kränkungen auf diesem Gebiet können tief treffen. Vergleichen Sie Ihren neuen Partner auch nicht mit früheren Liebhabern. Im Geist können Sie das natürlich tun, aber bitte sprechen Sie Ihre Gedanken nicht offen aus.

Im Bett ist Ehrlichkeit wichtig. Sie sollten sich selbst nichts vorspielen und einem Mann ebenfalls nicht. Täuschen Sie einem Mann keinen Orgasmus vor, davon haben Sie nichts. Vergessen Sie den Mythos, dass Orgasmen überbewertet sind und es darauf nicht ankommt. Es kommt darauf an! Frauen brauchen Orgasmen genauso dringend wie Männer.

Auch ich habe sehr oft vorgetäuscht, bevor ich meinen Mann kennenlernte. Heute würde ich das nicht mehr tun. Warum? Erstens gibt es bei einer guten sexuellen Beziehung keinen Grund dazu. Das ist auch ein Vorteil eines lebenslangen Sexpartners. Man kennt sich auch sexuell gut, was aber in diesem Fall kein Nachteil ist. Denn jeder weiß vom anderen, was er im Bett gerne mag und wie er am besten zum Höhepunkt kommt. Was bringt ein flotter Quickie mit einem aufregenden Unbekannten, wenn man zu Hause den besten Sex der Welt haben und jede Menge Orgasmen am Silbertablett serviert bekommen kann?

Und nun nochmals die Frage: Ist der Orgasmus wirklich so wichtig? Natürlich hält uns ein Orgasmus nicht die Hand, wenn wir einen Liebesfilm sehen wollen. Und ein Orgasmus schreibt uns auch keine Karte am Valentinstag und garantiert können wir ihn nicht unseren Eltern vorstellen. So mag es oft Situationen geben, in der eine Frau denkt, dass der Orgasmus nicht die Hauptrolle spiele und die eigentliche Beziehung im Vordergrund stehe. Natürlich ist der Orgasmus nicht die Hauptsache, aber eine Nebensache sollte er ganz bestimmt nicht sein.

Und da wären wir wieder beim springenden Punkt: Einem Mann, der es wert ist, dass Sie Energie in ihn investieren, müssen Sie nichts vorspielen. Seien Sie auch nicht entmutigt, wenn es mal nicht gleich bei Ihnen klappt. Nur: Nachhilfeunterricht beim Sex mögen die wenigsten Männer. Sie können auch selbst demonstrieren, wie Sie am besten zum Orgasmus kommen. Das finden Männer meist sehr sexy und nebenbei natürlich auch lehrreich.

In einer langen Partnerschaft kann es zu vielen Hochs und Tiefs kommen, aber wer am Anfang schon Probleme hat, muss sich eingestehen, dass es einfach nicht passt. Es gibt wirklich Menschen, die sexuell nicht harmonieren, das ist total in Ordnung. Jemand anderer passt besser für Sie. Machen Sie im Bett keine Kompromisse! Manchmal merken wir bereits beim Küssen, dass er nicht der Richtige ist; dann bleibt uns der nächste Schritt auch erspart.

Vor vielen Jahren hatte ich einmal einen sehr netten und vielversprechenden Mann kennengelernt. Frisch geschieden, erfolgreich und mit einer tollen Wohnung mitten in der Stadt, schien er gefährlich perfekt. Außerdem bemühte er sich sehr um mich. Wir gingen ein paar Mal miteinander aus, dann lud er mich zum Essen in seine Wohnung ein. Die Spaghetti schmeckten vorzüglich, nach dem Dinner kuschelten wir ein bisschen auf der Couch und er versuchte, mich zu küssen. Ich ließ es zu, es war ja nur ein Kuss und er hatte sich immerhin mit dem Essen total Mühe gegeben.

Doch mit seinem Kuss katapultierte sich der perfekte Mann leider auf dem direkten Wege ins Aus. Ich möchte Ihnen ausführliche Beschreibungen ersparen. Nur so viel: Er hatte seine Zunge absolut nicht unter Kontrolle. Mir blieb nur die Flucht. Ich war einem schlechten Küsser in die Falle gegangen! Gemeinsam mit meinen Freundinnen Alina und Sylvie witzelte ich über ihn und wir gaben ihm sogar einen Codenamen: die Schlange.

Mein Tipp in dieser Angelegenheit lautet: Wenn ein Mann nicht küssen kann, können Sie ihn vergessen. Ein schlechter Küsser ist eine Strafe, keine Wohltat. Vielleicht gibt es aber auch Frauen, die diese Art zu küssen mögen, auch wenn es nur schwer vorstellbar ist. Mein mieser Küsser ist heute glücklich verheiratet. Jeder hat eben seine eigenen Vorlieben.

Aber wenn Ihnen der Kuss nicht gefällt, gehen Sie in diesem Punkt bitte keinen Kompromiss ein. Wenn Sie das Küssen mit einem Mann als schlecht empfinden, sollten Sie sich auch alle weiteren sexuellen Erfahrungen sparen. Aus einem schlechten Küsser wird auch kein guter Liebhaber. Aber ein guter Küsser hat auch im Bett meist seine Qualitäten.

Bleiben Sie sexuell selbstbewusst und tun Sie nichts, was Sie nicht wirklich möchten, das sagt uns auch das Märchen. Erinnern Sie sich nur an das Märchen vom Froschkönig, das ich im vierten Schlüssel zum Glück nacherzählt habe. Ein guter Liebhaber ist also ein Mann, der es wert ist! Aber natürlich genügt nicht nur die Meisterleistung im Bett, sondern das Gesamtpaket muss stimmen.

Wesentlich für Mr. Right ist meiner Meinung nach auch der Humor. Ein Mann, der uns zum Lachen bringt, kann keine schlechte Wahl sein. Ein witziger Mann mit tollen Ideen und einer Extraportion Fröhlichkeit ist kein schlechter Fang. Was haben wir von einem Typen, der immer ernst in der Ecke sitzt? Ein Mann, der uns motiviert, uns stärkt und uns aufheitert, wenn es uns schlecht geht, ist die beste Wahl, die wir treffen können.

Im Märchen verliebten sich die Heldinnen immer in strahlende Prinzen. Ein Prinz symbolisiert aber auch einen erfolgreichen und wohlhabenden Mann. Sollen wir auch auf diese Kriterien Wert legen? Natürlich ist es angenehm, wenn wir mit einem erfolgreichen Mann zusammen sind. Und Geld kann für jede Liebe eine tolle Verzierung sein. Wenn man sich zusammen etwas leisten kann, egal ob das ein romantisches Abendessen oder ein Wochenendtrip nach Venedig ist, tut das der Liebe gut.

Geld sollte aber bitte kein Hauptmerkmal bei der Partnerwahl sein. Sie sollen sich nicht den Mann mit der dicken Brieftasche nehmen, sondern den Typen, für den Ihr Herz schlägt. Wenn Sie mit einem Mann zusammen sind, nur weil er vermögend ist, wird Ihnen diese Entscheidung irgendwann auf den Kopf fallen.

Meine Freundin Katja etwa suchte sich ihre Männer meist nach dem Kontostand aus. Ich will jetzt nicht über sie urteilen, denn bis zum einem gewissen Maß hat ihr Kriterium natürlich auch Berechtigung. Nach langem Suchen und nach einigen schlechten Erfahrungen hatte Katja endlich ihren Traummann gefunden. Er war Geschäftsführer eines großen Unternehmens, stolzer Besitzer eines Lamborghinis und einer Villa im 19. Bezirk, dem Wiener Nobelbezirk. Ganz nebenbei war er auch noch attraktiv und hofierte Katja nach allen Regeln der Kunst.

Meine Freundinnen Alina, Sylvie und ich wussten zwar nicht, ob Katja wirklich in ihn verliebt war, aber das spielte bei diesem perfekten Gesamtpaket scheinbar keine Rolle. Es folgte eine Blitzhochzeit, dicht gefolgt von einer Blitzscheidung. Mr. Perfect hatte Katja schon betrogen, bevor die Tinte auf der Trauungsurkunde trocken war. Plötzlich schien das perfekte Leben mit perfektem Haus und perfektem Auto gar nicht mehr so wahnsinnig perfekt.

Zum Glück fand Katja im Gärtner ihres Mannes, der bald ihr Exmann war, ihren wirklichen Mr. Right: dem Gärtner ohne Geld, ohne tolles Auto, ohne Haus. Aber sie war unsterblich in ihn verliebt und er in sie. Plötzlich hatte sie ihre ganzen bisherigen Beziehungskriterien über den Haufen geworfen. Weil nur die Liebe zählt. Ich hatte Katja noch nie so glücklich erlebt. Heute ist sie mit ihrem Gärtner verheiratet und die beiden haben zwei Kinder. Sie leben zwar nicht so feudal, wie Katja sich das immer gewünscht hatte, aber bestimmt um vieles glücklicher.

Sie sollten also Ihren Mann, der es wert ist, nicht nach seinem Vermögen beurteilen. Wenn es aber in einer Liebesbeziehung dauerhaft finanzielle Engpässe gibt, kann das natürlich auch sehr belastend sein, vor allem in einer Ehe oder Lebensgemeinschaft. Wichtig ist, dass man trotzdem zueinander hält, ganz egal, wie es zu der jeweiligen Krisensituation gekommen ist. Sie stehen das gemeinsam durch. Zu zweit sind Sie stärker als alleine. Entwickeln Sie einen Schlachtplan, wie Sie zusammen am schnellsten aus ihrer Problemsituation herauskommen können. Schlimm ist es, wenn einer dem anderen die Schuld gibt und eine finanzielle Belastung letztendlich ins Beziehungs-Aus führt.

Achten Sie darauf, dass Sie sich in kritischen Situationen gegenseitig Kraft geben, egal ob es sich um Krankheit, Arbeitslosigkeit oder Schulden handelt. Ihre Liebe kann Wunder bewirken und Unmögliches möglich machen. Und aus jeder Krise können Sie gestärkt hervortreten. Lesen Sie dazu noch mehr im siebten Schlüssel zum Glück: „Happy ohne Ende! Was passiert, wenn Sie Ihren Märchenprinzen gefunden haben“

Sollten Sie einen Mann kennenlernen, der gerade in Schwierigkeiten steckt, versuchen Sie zu helfen. Natürlich wollen wir keinen Mann, den wir therapieren müssen. Aber Sie können auch unter problematischen Bedingungen eine Beziehung beginnen. Die Liebe macht alles möglich! Bringen Sie Verständnis auf für die Probleme des anderen und haben Sie ein offenes Ohr. Wenn es ein Mann ist, der es wert ist, können Sie auch Energie investieren und ihm helfen. Selbstverständlich ist hier auch wieder der Austausch von Energie wichtig. Wer Energie investiert, will auch Energie zurückbekommen.

Natürlich ist es in einer Partnerschaft so, dass wir manchmal weniger und manchmal mehr Kraft haben. Wichtig ist, dass Sie Ihre Energie kanalisieren. Auch wenn uns ein Lebensbereich, zum Beispiel der Job, viel Energie kostet, können wir auf einer anderen Ebene, etwa der Beziehung, viel Energie haben. Die meisten Liebeskrisen entstehen, weil der Energieaustausch in einer Partnerschaft im Ungleichgewicht ist. Ein Mann, der es wert ist, wird zwar Ihre Energie brauchen, Ihnen jedoch genauso Energie zurückgeben.

Genau diesen Energieaustausch zeigt uns auch das Märchen. Erinnern sie sich an das Märchen von Schneewittchen: Der Prinz gibt Schneewittchen Energie durch seinen Kuss, worauf Schneewittchen die Augen aufschlägt und den Prinzen durch ihr Lachen verzaubert. Zwei Menschen können durch die Liebe stärker werden als je zuvor und sich gegenseitig retten. Davon jedoch mehr im sechsten Schlüssel zum Glück: „Eine Prinzessin will erobert werden! Sie scheut aber auch nicht davor, einmal den ersten Schritt zu tun"

Sie haben jetzt so einiges erfahren, worauf es meiner Ansicht nach bei Mr. Right ankommt. Und jetzt wird es nochmals interessant. Was macht eigentlich eine Frau für einen Mann zur Mrs. Right? Worauf legen Männer wert? Trendforschungen zeigen, dass Männer selbstbewusste und natürliche Frauen mögen. Auf die Authentizität kommt es also an. Wenn wir uns so geben, wie wir tatsächlich sind, punkten wir bei der Männerwelt am meisten.

Männer und Frauen sind grundverschieden. Doch gerade diese Gegenpole finden Männer toll, während wir Frauen oft versuchen, die Männer weiblicher zu machen. Seit Marilyn Monroe in den fünfziger Jahren im Hollywood-Klassiker „Blondinen bevorzugt" gespielt hat, stellt sich die Frage, ob es blonde Frauen wirklich leichter im Leben haben. Ich selbst bin dunkelhaarig und habe mir früher oft eine blonde Goldmähne gewünscht.

Auch im Märchen gibt es mehr blonde Prinzessinnen als dunkelhaarige. Nur Schneewittchen mit ihrem Haar, so schwarz wie Ebenholz, stellt sich gegen dieses Klischee. Die Wahrheit ist, dass die Haarfarbe keine Rolle spielt. Natürlich gibt es Männer, die einen bestimmten Typ Frau haben und auch genau nach diesem Typ Ausschau halten. Doch meist verlieben sie sich dann sogar in einen ganz anderen Typ Frau.

Männer mögen neuerdings auch Frauen, die Erfolg haben. Erfolg macht sexy, das empfinden mittlerweile auch Männer so. Wer glaubt, dass Männer Frauen, die sie gerade kennengelernt haben, nicht durch einen Check laufen lassen, der irrt. Männer testen uns genauso, wie wir das bei ihnen tun!

Folgende Fragen klären Männer ab:
- Ist sie natürlich?
- Hat sie Humor? Kann sie über meine Witze lachen?
- Wie versteht sie sich mit meinen Freunden?
- Wie küsst sie?
- Wie ist sie im Bett?

Auch im Märchen mussten manche Prinzessinnen mehrere Tests durchlaufen, bis der Prinz sich entschieden hatte. Da fällt mir etwa das Märchen „Die Prinzessin auf der Erbse" von Hans Christian Andersen ein:

Es war einmal ein Königssohn, der suchte nach einer Prinzessin, die er heiraten wollte. Doch wollte er ein wahrhaft feinsinnig ausgebildetes Mädchen haben, weshalb er eine schwierige Prüfung ersann. Alle Edelfräulein, die sich als mögliche Gattinnen vorstellten, wurden eingeladen, in einem Bett, das aus vielen aufeinander getürmten Matratzen und Federbetten bestand, die Nacht zu verbringen. Unter der untersten Matratze lag jedoch eine kleine Erbse, denn seine Mutter hatte gesagt: „Nur ein wirklich vornehmes Mädchen wird diese Erbse auch spüren." Da kamen viele Mädchen ins Schloss, um den Prinzen kennenzulernen. Doch nachdem sie alle tief und fest in dem Bett geschlafen hatten, waren ihre Hoffnungen, den Prinzen zu heiraten, vertan, denn sie waren ihm alle nicht feinsinnig genug.

Drum prüfe, wer sich ewig bindet! Die Suche nach Mr. und Mrs. Right gab es also bereits im Märchen. Heute sehen diese Tests ein bisschen anders aus und sind natürlich von der jeweiligen Lebenssituation des Prinzen abhängig. Wenn Ihr Traummann schon Kinder hat, wird es ihm wichtig sein, wie Sie sich mit ihnen verstehen. Wenn er sportbegeistert ist, wird er sich fragen, ob Sie den einen oder anderen Sport gemeinsam machen können. Sport ist für manche Männer wichtiger, als man denken möchte.

Ich bin total unsportlich und kann beispielsweise nicht Schifahren, was für eine Österreicherin fast eine Schande ist. Einmal hatte ich einen sehr interessanten Mann an der Angel, der unglücklicherweise sehr sportlich war. Da ich ihn noch nicht lange kannte, hatte ich ihn in mein düsteres Geheimnis noch nicht eingeweiht. Als er mich allerdings zu einem Schiwochenende in Tirol einlud, bekam ich Panik. Ich konnte meinem Pistenteufel nicht die Wahrheit sagen und entschied mich für eine Notlüge. Ich simulierte einen verstauchten Knöchel und blieb zu Hause. Er war zwar enttäuscht, fand aber schnell Ersatz: Seine neue Freundin war Abfahrtsläuferin.

Nun ja, er war definitiv kein Mann, der es wert war. Ich war durch seine Prüfung gefallen, aber er auch durch meine. Denn wenn wir das Gefühl haben, das wir einem Mann nicht die Wahrheit sagen können, ist er nicht Mr. Right.

Aber nun wieder zurück zur Prinzessin auf der Erbse:

Eines Abends, während eines schrecklichen Gewitters, klopfte es an das Schlosstor. Als der Diener öffnete, stand dort ein Mädchen, deren Kleider tropfnass und schmutzig waren. „Ich bin eine Prinzessin“, sagte die Fremde, „und ich bitte euch um Unterkunft.“ Die königliche Familie zweifelte an ihrer Herkunft, doch sie boten dem Mädchen an, in dem Bett mit den vielen Matratzen zu schlafen. Nur so könnten sie die Wahrheit herausfinden. Erschöpft und müde ging das Mädchen auf das Zimmer und legte sich in das weiche Bett.

Am nächsten Morgen fragte die Königin scheinheilig: „Prinzessin, ich hoffe, ihr habt wohl geruht!“ Da sagte das Mädchen: „Ich danke euch für eure Gastlichkeit, doch konnte ich die ganze Nacht kein Auge zutun, denn ich spürte etwas Hartes unter der Matratze." Da erkannte die Königin, dass es sich um eine wahre Prinzessin handelte. Eilig berichtete sie ihrem Sohn davon. Der Prinz trat zu dem schönen Mädchen und fragte es, ob es seine Frau werden wolle. Das Mädchen willigte ein und schon bald wurde die Hochzeit mit großer Pracht gefeiert. Das frisch vermählte Paar schlief aber von nun an nur noch in den weichsten Betten, die es im ganzen Königsreich gab.

Diese Geschichte zeigt, dass der Schein oft trügen kann. Wer hätte gedacht, dass das schmutzige Mädchen eine Prinzessin sein könnte? Auch das moderne Märchen „Pretty Woman" zeigt die Wandlung eines Menschen. Wer hätte gedacht, dass das einfache Mädchen von der Straße zur Traumfrau werden könnte?

Und wer ist nun Ihr Mr. Right, Ihr ganz persönlicher Traummann? Auf jeden Fall ein Mann, der es wert ist! Testen Sie ihn am besten gleich anschließend anhand des Mr. Right-Fragebogens!

Der fünfte Schlüssel zum Glück in Kürze

Der Schuh muss passen!
Investieren Sie Ihre Energie nur in einen Mann, der es auch wert ist

- Ein Mann, der es wert ist, lässt Sie nie lange auf einen Anruf warten. Er bringt Sie zum Lachen und schenkt Ihnen Energie.
- Ein Mann, der es wert ist, holt das Beste aus Ihnen heraus. Er macht Sie zu einem besseren Menschen. Und er liebt Sie so, wie Sie sind.
- Ein Mann, der es wert ist, lässt Sie neben sich, nicht unter sich stehen. Er kann sich an Ihrem Erfolg freuen.

- Ein Mann, der es wert ist, ist ein guter Liebhaber. Er denkt nicht nur an sich, sondern erfüllt auch Ihre Bedürfnisse.
- Ein Mann, der es wert ist, muss reich an Gefühlen für Sie, aber nicht unbedingt finanziell vermögend sein.
- Ein Mann, der es wert ist, geht mit Ihnen sicher durch jede Krise.
- Ein Mann, der es wert ist, berührt nicht nur Ihr Herz, sondern auch Ihre Seele.

Testen Sie Ihren Mr. Right!

Haben Sie Ihren Märchenprinzen gefunden? Notieren Sie, ob die Antwort A, B oder C am ehesten auf ihn zutrifft.

1. Sie sind abends mit Ihrem potenziellen Mr. Right verabredet. Was vereinbart er mit Ihnen?

[A] Er holt Sie ab.
[B] Er will sich mit Ihnen direkt in einer Bar treffen.
[C] Er möchte von Ihnen abgeholt werden.

2. Sie haben gerade einen netten Abend verbracht. Er bringt Sie nach Hause und küsst Sie vor der Türe. Sie bitten ihn nicht hinein, sondern verabschieden sich. Seine Reaktion:

[A] Er schickt Ihnen noch am selben Abend ein liebevolles SMS.
[B] Er ist zwar ein bisschen sauer, ruft aber am nächsten Tag gleich an.
[C] Er ist stinksauer und meldet sich zwei Tage lang gar nicht.

3. Sie haben die erste gemeinsame Nacht miteinander verbracht. Es war toll. Was geschieht am Morgen danach?

[A] Er bringt Ihnen Frühstück ans Bett und verführt Sie gleich noch einmal.

[B] Er hat es eilig, ins Büro zu kommen, schickt Ihnen aber am selben Tag noch ein liebevolles SMS.

[C] Er verabschiedet sich schnell und meldet sich den ganzen Tag lang nicht mehr.

4. Sie reden über die Zukunft. In einer sentimentalen Laune erzählen Sie ihm, dass Sie einmal Kinder wollen. Wie verhält er sich?

[A] Er lächelt und schweigt. Oder noch besser: Er teilt Ihren Wunsch.

[B] Er sagt, dass er Kinder auch toll findet, wechselt dann aber schnell das Thema.

[C] Er bekommt einen Hustenanfall und benimmt sich distanziert.

5. Das erste Treffen mit seinen Eltern. Sie haben ein bisschen Angst davor. Und er?

[A] Er lockert die Stimmung mit ein paar Scherzen auf und versichert Ihnen, dass seine Eltern von Ihnen genauso begeistert sein werden, wie er es ist.

[B] Er sagt, dass es ihm egal ist, wie seine Eltern Sie finden. Er findet Sie auf jeden Fall toll.

[C] Er fühlt sich unbehaglich und sagt das Treffen kurzfristig ab.

6. Das erste Treffen mit Ihren Eltern oder Freundinnen. Wie ist seine Stimmung?

[A] Er ist zwar nervös, aber gut gelaunt, bringt Blumen mit und lässt Ihre Hand nicht los.

[B] Er fühlt sich zwar ein bisschen unwohl, bemüht sich aber sehr und will jedem zeigen, wie gerne er Sie hat.
[C] Er sagt das Treffen ab.

7. Sie sind krank und müssen ein Date mit ihm telefonisch absagen. Wie reagiert er?
[A] Er ist total besorgt und sofort mit Erkältungsbad, Hustenbonbons und Blumen zur Stelle.
[B] Er schickt süße Gute Besserung-Nachrichten und verspricht, am Abend vorbeizuschauen.
[C] Er findet es schade, dass das Date abgesagt wird, trifft sich jetzt aber mit seinen Freunden. Besuchen kommt er Sie nicht, denn er hat Angst, dass er sich anstecken könnte.

8. Valentinstag: Der Tag der Liebe kommt und er ist nicht da, weil er zu einem Seminar muss. Natürlich sind Sie ein wenig sauer. Was macht er?
[A] Er schickt Ihnen Blumen mit dem Boten und verspricht, den Valentinstag gemeinsam mit Ihnen nachzuholen.
[B] Er schickt ein tolles Liebesmail und sagt, dass es ihm leid tut.
[C] Er ist bei seinem Seminar scheinbar so beschäftigt, dass er auch abends vergisst, Sie anzurufen.

9. Einer guten Freundin von Ihnen geht es schlecht, weil sie eine Beziehung beendet hat. Eigentlich wollten Sie den Abend mit Ihrem Mr. Right verbringen, jetzt müssen Sie aber absagen. Wie ist seine Reaktion darauf?
[A] Er hat Verständnis, bittet Sie aber, nach dem Treffen noch bei ihm vorbeizuschauen.

[B] Er ist zwar kurz sauer, versteht es aber dann doch und bietet an, dass Sie das Date mit ihm auf den nächsten Tag verschieben können.

[C] Er ist stinksauer und wenig zugänglich für Ihre Argumente. Bei Ihrem nächsten Date sagt er spontan ab, weil er sich mit seinen Freunden treffen will.

10. Er trifft sich mit seiner Exfreundin, mit der er immer noch befreundet ist. Sie sind natürlich sauer. Wie geht er auf Sie ein?

[A] Er versteht Sie und sagt das Treffen ab.

[B] Er nimmt Sie zu dem Treffen mit und stellt Sie vor. Auch seine Ex soll sehen, wie glücklich er mit Ihnen ist.

[C] Er versteht Sie nicht und sagt, dass er doch machen kann, was er will.

11. Im Kino läuft eine neue Liebeschnulze an. Ab und zu mögen Sie solche kitschigen Filme. Was meint er dazu?

[A] Er geht mit Ihnen auf eine Schmusestunde in den romantischen Film.

[B] Er ist zwar kein Freund von solchen Filmen, geht aber Ihnen zuliebe mit.

[C] Er lehnt den Film ab. Warum soll er mit Ihnen in einen Film gehen, der ihn nicht interessiert?

12. Sie sind gemeinsam auf Urlaub und liegen am Strand. Plötzlich wird Ihnen schwindlig. Sie haben wohl zu viel Sonne erwischt. Wie sorgt er für Sie?

[A] Er geht mit Ihnen aufs Zimmer und kümmert sich liebevoll um Sie.

[B] Er bleibt in der Sonne, sorgt aber dafür, dass Sie ein Plätzchen im Schatten finden.

[C] Er schlägt vor, dass Sie aufs Zimmer gehen, zieht es aber vor, in der Sonne zu bleiben. Denn er möchte ja nichts verpassen.

13. Sie gehen gemeinsam auf ein Fest. Er holt sie ab. Sie haben sich ganz besonders viel Mühe gegeben: neues Kleid, neue Frisur, neue Schuhe. Er sieht sie an und bemerkt, dass Sie toll aussehen. Er sagt:

[A] Du siehst heute ganz besonders schön aus!
[B] Wow! Kann ich da überhaupt mit dir mithalten?
[C] Hast du schon wieder Geld für neue Sachen ausgegeben?

14. Sie kochen für ihn, allerdings vegetarisch. Sein Verhalten?

[A] Er probiert alles aus und sagt, dass es ihm gut schmeckt.
[C] Er gesteht, dass er zwar kein Freund der vegetarischen Küche ist, Sie aber trotzdem die beste Köchin der Welt sind.
[C] Er lehnt Ihr Essen ab und bestellt eine Salamipizza beim Pizzaservice.

Auflösung:

Wenn Sie in den meisten Fällen A oder B angekreuzt haben, haben Sie einen potenziellen Mr. Right an Ihrer Seite. Der A- oder B-Mann behandelt Sie respektvoll und gleichzeitig liebevoll. Er nimmt auf Ihre Wünsche Rücksicht und kann zeigen, dass er in Sie verliebt ist.

Wenn Sie in den meisten Fällen C angekreuzt haben, liegen Sie mit dem Mann an Ihrer Seite wohl eher falsch. Vielleicht ist er ein amüsanter Zeitvertreib, aber ob er das Zeug zum Mann fürs Leben hat, ist zu bezweifeln. Sie müssen ihn aber nicht sofort in die Wüste schicken. Wenn Sie ihm eine Chance geben, sollten Sie ihm aber Ihre Sicht der Dinge klarlegen. Vielleicht können Sie sich ja in der Mitte treffen.

Der sechste Schlüssel zum Glück

Eine Prinzessin will erobert werden! Sie scheut aber auch nicht davor, einmal den ersten Schritt zu tun

Eines Tages gab der König einen Ball, denn der Prinz beabsichtigte, sich eine Frau zu suchen. Jedes unverheiratete Mädchen sollte an dem großen Fest teilnehmen. Cinderella durfte nicht zum Ball, musste aber ihren Stiefschwestern, die die schönsten Kleider bekamen, beim Ankleiden und Frisieren helfen.

Nachdem sie gegangen waren, blieb das Mädchen alleine zurück. Doch sie wusste, dass sie unbedingt zu diesem Ball musste. Wie sollte sie das nur schaffen?

Plötzlich erschien eine Fee und erfüllte die ärmliche Küche mit ihrem Glanz. „Hab keine Angst, Cinderella. Ich bin eine gute Fee. Ich will dafür sorgen, dass du auf den Ball gehen kannst." Und so verwandelte sie Cinderellas Lumpen in das zauberhafteste Kleid, das die Welt je gesehen hatte. Es war mit Gold- und Silberfäden durchwirkt und mit Spitzen bestickt. Aus ihren groben Holzschuhen wurde ein zierliches, glänzendes Paar Kristallschuhe. „Wenn du am Hof erscheinst, wird der Prinz von deiner Schönheit gefangen sein", sprach die gute Fee. Sie verwandelte einen Kürbis in eine Kutsche und sieben Mäuse in prächtige Pferde und einen Kutscher. Die Fee warnte das Mädchen jedoch, dass sie vor Mitternacht zurück sein solle, denn sonst würde der Zauber verfliegen.

Und schon fuhr Cinderella mit der prächtigen Karosse aufs Schloss, und als es bald darauf in den Ballsaal trat, verbreitete sich eine atemlose Stille. „Wie schön sie ist. Wer ist sie?"

Es war der perfekte Auftritt für Cinderella. Der Prinz war verzaubert und trat auf sie zu, um sie zum Tanz zu bitten.

Vieles haben wir bis jetzt über die Suche nach der Liebe, über Sehnsüchte und Gefühle gehört. Grundsätzlich gibt es viele Wege zum Glück. Und wenn wir das Glück nicht finden, wird es wohl irgendwann uns finden. Doch darauf wollen wir nicht warten – und das ist auch schon der springende Punkt!

Frauen warten ungern. Bereits als Teenager warten wir darauf, dass wir erwachsen werden und die Schule zu Ende ist. Dann warten wir darauf, dass wir einen Job finden, Geld verdienen und in eine eigene Wohnung ziehen können. Und dann warten wir auf den richtigen Mann zum Glück. Wenn wir uns diese Wartezeit so toll wie möglich gestalten, kann es sogar ganz lustig werden.

Denken Sie doch einmal an die Situation im Wartezimmer bei einem Arzt. Wenn wir ein gutes Buch mithaben, vergeht die Wartezeit wie im Flug. Sitzen wir allerdings mit leeren Händen da und müssen mit den staubigen Illustrierten vorlieb nehmen, die im Wartezimmer bereitliegen, wird das Warten für uns sehr frustrierend. Wir werden ungeduldig und genervt; aber deswegen ruft uns der Arzt auch nicht schneller auf. Der einzige Unterschied ist, dass wir die Wartezeit als unangenehm empfinden.

Genauso verhält es sich auch mit der Wartezeit auf Mr. Right. Wer einen interessanten Job und viele Freunde hat, wird sich nicht langweilen, auch wenn er keinen Mann an seiner Seite hat. Wer nicht gerne wartet, muss sich also die Zeit vertreiben. Und die Zeit kann man sich natürlich auch mit amüsanten Männern vertreiben. Warum nicht? Wenn der Märchenprinz nicht in Sicht ist, dann verbringen wir unsere Zeit auch schon mal mit Fröschen – Tipps dazu im vierten Schlüssel zum Glück: „Auch Prinzessinnen müssen Frösche küssen! Nehmen Sie miese Dates mit Humor"

Doch irgendwann kommt der Moment, an dem eine Frau keine Lust mehr hat. „Ich mag keine Dates mehr haben, das ist so anstrengend. Ich bin müde. Wo ist er? Wo ist der Mann fürs Leben?", beklagte sich kürzlich meine Freundin Clarissa. Ich kann Clarissa gut verstehen. Wenn die Wartezeit zu lange wird und sich unsere schlechten Erfahrungen summieren, drängt sich ein Gefühl der Frustration in den Vordergrund.

Lassen Sie dieses Gefühl zu, ignorieren Sie es nicht! Es ist gut, wenn Sie ehrlich zu sich selbst sind. Wer behauptet, er sei gerne Single und solo am glücklichsten und sich insgeheim einen Mann wünscht, wählt einen ungesunden Weg. Gesünder ist also, wenn Sie Ihre Gefühle zulassen und nicht unterdrücken. Lassen Sie es raus, am besten bei Ihren Freundinnen. Und dann tun Sie am besten das, was Ihnen in dieser Situation am meisten helfen kann: Werden Sie aktiv und helfen Sie Ihrem Glück gezielt auf die Sprünge.

Nun gut, Sie lesen gerade dieses Buch, um schneller zum Ziel zu kommen. Und jetzt fragen Sie sich vielleicht: Wie kann mir dieses Buch wirklich helfen? Wie kann ich diese Strategie im realen Leben einsetzen? Es ist viel einfacher, als Sie jetzt vielleicht denken.

Natürlich haben auch Cinderella und Schneewittchen darauf gewartet, von ihrem Prinzen erobert zu werden. Aber wenn wir genau überlegen, hat doch eigentlich Cinderella den ersten Schritt getan. Sie ist völlig alleine auf dem Ball erschienen, um ihren Prinzen zu treffen. Das ist ein Zeichen für eine überaus starke und selbstbewusste junge Frau.

Die wunderschöne Cinderella fuhr mit der prächtigen Karosse auf das Schloss und als sie bald darauf in den Ballsaal trat, verbreitete sich augenblicklich eine atemlose Stille. Keiner fuhr im Tanze fort, weil jeder das schöne Mädchen betrachten wollte.

„Wie schön sie ist, wer sie wohl ist?“, fragte sich jeder und bewunderte ihren Liebreiz und ihre Anmut. Der Prinz war augenblicklich von Cinderellas Schönheit gefangen.

Er trat auf sie zu, um sie zum Tanz zu bitten. Leichtfüßig glitten Cinderellas Schuhe übers Parkett und der junge Prinz tanzte den ganzen Abend nur mit der unbekannten Schönen.

Was wäre passiert, wenn Cinderella sich nicht überwunden hätte, alleine auf den Ball zu gehen? Wahrscheinlich hätte sie den Prinzen niemals kennengelernt. Auch das Märchen fordert uns also dazu auf, aktiv zu werden. Es liegt an uns. Wir können unser Leben ändern, und zwar jetzt sofort. Denn das Leben ist zu kurz, um unglücklich zu sein. Wenn es einen Mann gibt, den wir interessant finden, können wir ihn auch ganz einfach ansprechen. Warum eigentlich nicht?

Bereits im zweiten Schlüssel zum Glück (Eine Prinzessin bekommt jeden Mann, den sie will! Es ist nur eine Frage des richtigen Zeitpunkts) habe ich Ihnen von der Episode mit meinem Jungendschwarm Christian erzählt. Ich hatte es wirklich geschafft, ihn anzusprechen und ihm meine Telefonnummer zu geben. Er rief mich zwar erst Jahre später an, aber ich war stolz darauf, den ersten Schritt getan zu haben. Und genauso war es auch bei meinem Mann. Als wir uns kennenlernten, gab er mir seine Nummer. Ich war die Erste, die ein SMS schrieb.

Warum sollen wir nicht auch einmal in der Liebe aktiv werden?

Wenn es Cinderella ganz alleine, trotz fast unüberwindbarer Hindernisse, zum großen Ball geschafft hat, können wir das auch. Wenn uns der Richtige noch nicht begegnet ist, wird es Zeit, dass wir unserem Glück auf die Sprünge helfen. Wir sollen aktiv werden, ganz wie die Figuren aus dem Märchen. Im Märchen „Frau Holle“ etwa wetteifern die Figuren zwar nicht um einen Prinzen; hier geht es darum, dass man im Leben mit aktivem Tun immer mehr erreichen kann als mit Faulheit und Passivität.

Es war einmal eine Witwe, die hatte zwei Töchter, die eine war faul und die andere fleißig. Als die eifrige Goldmarie zu Frau Holle kam, hatte diese ihre Freude: „Gutes Kind. Wenn du die Arbeit in meinem Haus ordentlich verrichtest, sollst du eines Tages von mir reich belohnt werden. Bedenke jedoch immer, dass du die Bettdecke besonders gut ausschüttelst, denn dann schneit es auf der Erde, ich bin nämlich Frau Holle", erklärte die alte Frau dem Mädchen.

Goldmarie arbeitete tüchtig für Frau Holle und als es die Alte eines Tages verließ, um wieder nach Hause zurückzukehren, da regnete es zum Abschied pures Gold auf das überraschte Mädchen. „Das ist dein Lohn, weil du so brav und fleißig warst", sprach Frau Holle und so kehrte das Mädchen über und über mit Gold bedeckt zurück nach Hause.

Als ihre Mutter erfuhr, wie das Mädchen zu dem Gold gekommen war, wollte sie auch ihre andere, faule Tochter zu der alten Frau schicken. Gesagt, getan. Doch Frau Holle hatte mit dem anderen Mädchen keine Freude. Goldmaries Schwester faulenzte den ganzen Tag und war nicht bereit, Frau Holle zu helfen. Als die Alte das Mädchen letztendlich zurück nach Hause schickte, da ergoss sich ein Kessel voll Pech auf die Faule, die von nun an Pechmarie genannt wurde.

Dank ihrer Aktivität wurde das fleißige Mädchen belohnt und das faule bestraft. Das Märchen von Frau Holle sagt uns also: Wer bereit ist, sein Glück in die Hand zu nehmen, wird letztendlich belohnt.

Auch der Dichter und Schriftsteller Johann Wolfgang von Goethe hat einmal betont: „Es ist nicht genug, zu wissen. Man muss es auch anwenden. Es ist nicht genug, zu wollen. Man muss es auch tun." Sie sind also nicht das Opfer, sondern die Gestalterin Ihres Lebens.

Durch Ihr aktives Handeln öffnen Sie sich viele Türen, durch die ein ganz besonderer Mensch auf Sie zukommen kann. Manchmal müssen wir auch durch mehrere Türen gehen, bis wir am Ziel sind. Doch nur wer weitergeht und Türen öffnet, wird irgendwann ankommen.

Wer aktiv in die Zukunft gehen will, sollte seinen alten Rucksack ablegen. Denn wer schweres Gepäck mit sich schleppt, kommt langsamer ans Ziel. Befreien Sie sich von Altlasten, schließen Sie mit ehemaligen Beziehungen ab und versuchen Sie Ihren jeweiligen Expartnern zu verzeihen. Erst wenn Sie ohne Groll und Wut in Ihre Vergangenheit blicken können, sind Sie bereit und entspannt für eine spannende Zukunft.

Versuchen Sie, mit sich selbst und Ihren Verflossenen ins Reine zu kommen. Wünschen Sie Ihren Expartnern das Beste. Wer verzeiht und Gutes wünscht, sendet auch ein positives Signal für seine eigene Zukunft ans Universum. Es ist außerdem gesund, nicht nachtragend zu sein. Verzeihen senkt den Blutdruck, hilft gegen Depressionen und erhöht die Chance auf Liebe.

Meine Freundin Beate hatte schon einige Enttäuschungen hinter sich und wunderte sich, warum sie nach wie vor an die falschen Männer geriet. Der Grund lag auf der Hand. Beate hatte sich nie bemüht, ihre Vergangenheit aufzuarbeiten. Auch wenn sie bereits einen neuen Mann kennengelernt hatte, fühlte sie noch immer den Groll auf den Expartner in sich. Diese innere Aggression machte jede neue Bindung für Beate so gut wie unmöglich. Auch wenn Sie sich in einer schlechten Beziehung befinden und diese aus Angst vor dem Alleinsein nicht beenden wollen, in Wirklichkeit aber die ganze Zeit nach anderen Männern Ausschau halten, sollten Sie einen Schlussstrich ziehen. Erst wenn Sie eine alte Beziehung abgeschlossen haben, sind Sie bereit für einen neuen Partner, der besser zu Ihnen passt.

Es ist also wichtig, dass wir vergangene Beziehungen mit viel Würde und Größe abschließen – eben wie eine Prinzessin. Auch das Ende einer Beziehung kann etwas Königliches haben.

Und einmal ehrlich: Ist es wirklich wichtig, zu denken, dass unser Ex ein Schwein war, wenn wir gerade einen anderen interessanten, besseren, netteren, tolleren Typ Mann an der Angel haben? Da soll das Exschwein doch ruhig glücklich werden, wen kratzt das schon? Sie auf jeden Fall nicht. Lassen Sie es nicht zu, dass eine vergangene Enttäuschung eine neue, vielversprechende Liebe blockiert. Nur wer frei von Altlasten ist und mit schlechten Erfahrungen seinen Frieden geschlossen hat, kann den Gewinn neuer Erfahrungen voll ausschöpfen.

Falls Sie immer noch voller Trauer über eine Beziehung sind, die in die Brüche gegangen ist, dann überlegen Sie sich ein Abschiedsritual. Meiner Freundin Kim hat dieses Ritual einmal sehr geholfen: Sie schrieb einen Abschiedsbrief an ihren Ex, in dem sie ihre Gefühle rückhaltlos ausdrückte. Kim hat diesen Brief allerdings niemals abgeschickt, sondern einfach verbrannt und damit ein symbolisches Zeichen für den Abschluss ihrer Trauer gesetzt.

Wenn man eine Beziehung beendet hat und trotzdem Freunde bleiben will, ist das meist keine gute Idee. Es sei denn, die Bindung wurde einvernehmlich beendet und beide Partner wollen die Freundschaft. Sonst kann eine derartige Freundschaft schnell ins Ungleichgewicht schlittern.

Als Kim zum Beispiel ihre Beziehung mit Daniel beendete, wollte er unbedingt befreundet bleiben. Sie war einverstanden, doch schon bald ahnte sie, dass dieses angebliche Freundschaftsangebot ein Rettungsversuch von Daniel war, der sie eigentlich wieder zurückerobern wollte. Kim zog die Notbremse, so leid ihr das auch tat.

Heute sind die beiden nach einer Phase des Abstands aber gut befreundet. Wichtig ist, dass Sie sich nach einer Trennung zunächst auch ein freundschaftliches Aus verordnen, damit jeder die Beziehung wirklich abschließen kann.

Auch bei einer Trennung lohnt es sich, Aktivitätspunkte zu sammeln. Bewegen Sie Ihren Körper und treiben Sie Sport. Die körperliche Aktivität baut Spannungen ab und setzt außerdem Endorphine frei, und diese Stimmungshormone können Sie in diesem Moment dringend brauchen. Aktivität lohnt sich also immer, egal ob Sie Liebeskummer haben, auf der Suche nach Liebe sind oder Sie sich in einer Partnerschaft befinden.

Schon der alte Konfuzius wusste, dass er nur verstehen kann, was man ihn tun lässt: „Was du mir sagst, das vergesse ich. Was du mir zeigst, daran erinnere ich mich. Was du mich tun lässt, das verstehe ich." Auch im Job hat sich die Learning by doing-Methode etabliert. Sie werden sich erst sattelfest in einer Tätigkeit fühlen, wenn Sie sie einmal selbst gemacht haben. Auch wenn man Ihnen erklärt, wie es geht und Sie es verstehen – Sie werden es erst können, wenn Sie es getan haben. Auch in anderen Lebenssituationen gilt diese Devise.

Als zum Beispiel mein Sohn auf die Welt kam, war das eine große Herausforderung für mich. Natürlich hatte ich einen Babyvorbereitungskurs belegt und konnte eine Babypuppe wickeln. Aber wenn man das eigene Kind im Arm hält, ist das wieder etwas ganz anderes. Niemand kann uns auf diese Gefühle vorbereiten: das große Glück einerseits und die völlige Hilflosigkeit andererseits. Das Baby zu baden und zu wickeln schien mir schwieriger, als einen Vortrag vor einer Menschenmenge zu halten. Aber ich begann einfach, es zu tun und wurde von Mal zu Mal sicherer.

Wer nicht lange zögert, sondern einfach handelt, liegt

richtig. Auch meine Freundin Sylvie, die ja in einer Werbeagentur arbeitet, kennt diese Devise von vielen Kreativmeetings. Wenn dort eine Idee geboren wird, muss diese in kürzester Zeit auch umgesetzt werden. Denn Werber wissen längst, dass eine Idee innerhalb weniger Tage an Kraft verliert, wenn keine Taten folgen. Wenn die Kraft der Begeisterung nicht sofort in aktives Umsetzen verwandelt wird, verliert sie das Brennen der Leidenschaft.

Wie können wir Sylvies Prinzip nun in der Liebe umsetzen? Mal angenommen, wir interessieren uns für einen Mann, der uns jedoch noch nicht bemerkt hat: Dann sollten wir am besten sofort mit dem Flirt beginnen, bevor eine andere Frau ihn uns wegschnappt. Wenn wir sehnsuchtsvoll darauf warten, dass sich ein Typ meldet, warten wir vielleicht vergeblich. Also melden wir uns einfach bei ihm! Wenn wir unbedingt zu einem bestimmten Event gehen wollen und keinen Begleiter finden, dann gehen wir eben alleine oder mit Freundinnen. Und wenn wir Dates satt haben und trotzdem einen Mann wollen, dann suchen wir ganz einfach auf Partnerbörsen im Internet.

Wichtig ist, dass wir nicht nur über unsere Jetzt-Situation jammern, sondern diese lieber auf der Stelle ändern, durch unser Handeln, durch aktives Tun! Wenn Sie eine Idee haben, wie Sie an die Sache herangehen wollen, dann warten Sie nicht zu lange, sondern setzen Sie Ihre Gedanken am besten sofort um. Stellen Sie sich die Frage, was Sie wirklich suchen: einen Mann für gewisse Stunden oder einen Mann fürs Leben?

Haben Sie Platz für einen Menschen, der Ihr Leben mit Ihnen teilt? Sind Sie bereit, Zeit und Energie in eine Beziehung zu investieren? Ist für Sie jetzt der richtige Zeitpunkt für eine Veränderung? Sind Sie offen für Neues? Wenn Sie all diese Fragen mit einem klaren Ja beantworten können, dann ist der Zeitpunkt gekommen, an dem Sie gezielt und aktiv auf die Suche gehen können.

Wenn wir öfter an gebundene Männer geraten, kann das eventuell ein Zeichen sein, dass wir selbst noch nicht bereit sind, uns dauerhaft zu binden. Auch im Märchen Dornröschen interpretieren Psychologen im hundertjährigen Schlaf der Prinzessin ihre fehlende Bereitschaft für eine dauerhafte Beziehung.

Bewerten Sie Ihre Suche nach dem perfekten Mann positiv, denn auch eine Suche kann Spaß machen! Wenn wir zum Beispiel an Kinder beim Versteckenspiel denken. Oder an uns selbst bei einem Einkaufsbummel durch die Stadt, bei dem wir auf der Suche nach einem bestimmten Kleidungsstück sind. Geht es Ihnen nicht auch manchmal so? Sie ziehen los, weil Sie ein schwarzes Kleid suchen, finden dann allerdings ein rotes, das Ihnen eigentlich viel besser steht.

Genauso kann es in der Liebe sein. Wer ganz konkrete Vorstellungen von seinem Traummann hat, erschwert sich die Suche. Natürlich gibt es bei Männern bestimmte Charakterzüge, die uns besonders wichtig erscheinen, da hat jede Frau ihre ganz persönlichen Prioritäten. Bleiben Sie offen, wenn es um Äußerlichkeiten geht. Natürlich muss uns ein Mann auch optisch ansprechen, damit wir mit ihm in Kontakt treten, verabschieden Sie sich allerdings von Perfektion! Denn Menschen sind nicht perfekt. Bleiben Sie also offen; schließlich wäre es schade, wenn Sie die Liebe treffen und nicht sofort erkennen würden, weil sie nicht Ihrem persönlichen Ideal entspricht.

Sie sind sich also klar darüber, dass Sie auf die Suche gehen wollen. Am besten beginnen Sie sofort damit. Stecken Sie Ihr Suchgebiet ab, indem Sie eine Schatzkarte zeichnen. Schatzkarten zu zeichnen hat uns doch schon als Kind Spaß gemacht – warum also sollen wir es nicht auch als Erwachsene tun? Nehmen Sie also einen Zettel zur Hand. Denn wenn man einen Schatz sucht, muss man auch wissen, wo man damit beginnt.

Wenn der Mann Ihrer Träume nicht zufällig an Ihre Tür klopft, werden Sie ihm sicher nicht begegnen, wenn Sie zu Hause sitzen. Das bedeutet, Sie müssen hinaus in die Welt, um Ihren Schatz zu finden! Stecken Sie die verschiedenen infrage kommenden Fundorte ab: Job, Sport, Lokal, Internet, Freundeskreis, Party ... Manche Orte können Sie schneller abhaken, andere wieder müssen Sie genauer prüfen. Entwickeln Sie anschließend eine Strategie, wie Sie bei Ihrer Suche genau vorgehen wollen. Wichtig ist, dass Ihnen dieser Plan auch Freude bereitet. Checken Sie Ihre Locations nach potenziellen Kandidaten ab und überlegen Sie sich auch, wer Ihnen dabei helfen könnte.

Machen Sie auf Ihrer Schatzkarte auch einen Punkt zum Thema „Hilfreiche Freunde". Notieren Sie dazu alle Freunde oder auch Familienmitglieder, die Ihnen bei Ihrer Suche helfen können. Wenn Sie eine Location nicht alleine abchecken wollen, verbinden Sie den Namen eines Freundes oder einer Freundin mit dem betreffenden Ort. Manche Locations, wie Job oder Fitnesscenter, können Sie auch alleine aufsuchen. Vergessen Sie nicht, sich selbst in den Mittelpunkt Ihrer Schatzkarte zu stellen!

Und hier wären wir auch schon wieder bei der Selbstliebe: Schreiben Sie auf Ihre Karte auf, was Sie an sich selbst gerne mögen. Welche optischen und welche charakterlichen Vorzüge haben Sie Ihrer Meinung nach? Was können Sie gut? Warum sind Sie stolz auf sich? Und was könnten Sie in eine mögliche Beziehung mitbringen? Wer sich seiner Stärken bewusst ist, fühlt sich selbstbewusst – und das müssen Sie sein, wenn Sie in Liebesdingen die Initiative ergreifen wollen.

Hierbei helfen uns auch praktische Übungen. Unternehmen Sie etwas alleine, gehen Sie ins Museum oder auch einmal alleine ins Kino. Oder noch besser: Reservieren Sie einen Tisch für ein Mittagessen nur für sich. Ich liebe es zum Beispiel, alleine ins Café zu gehen und Leute zu beobachten. Wenn Sie zu sich selbst als Single stehen und sich trotzdem für eine Beziehung öffnen, werden viele Menschen Sie fabelhaft finden.

Erweitern Sie Ihre Schatzkarte durch die Erfahrungen, die Sie sammeln. Sie können auch Ihre ganz persönlichen Affirmationen, Ihre positiven Glaubenssätze, auf die Schatzkarte schreiben. Wenn Sie positive Gedanken schriftlich festhalten, dann gewinnen diese an Bedeutung.

Eine sehr gute Visualisierungsübung, die uns helfen kann, den Mann fürs Leben zu finden, ist die Vorstellung eines „Inneren Raums". Der Bewusstseinsforscher Rüdiger Schache stellt diese Übung in seinem Buch „Das Geheimnis des Herzmagneten" vor: Unser Magnet zieht Menschen und Ereignisse umso stärker an, je intensiver wir unser Ziel vor Augen haben. Wenn wir uns jedoch nach etwas sehnen, zum Beispiel nach dem Mann fürs Leben, fühlen wir einen Mangel. Meist gelingt es auch nicht, dass wir uns vorstellen, dass der richtige Mann bereits an unserer Seite ist, wenn die Realität anders aussieht. Besser ist es, sich einen Inneren Raum vorzustellen, der alle unsere unerfüllten Sehnsüchte ansaugt wie ein Magnet.

Was ebenfalls hilfreich sein kann, ist eine Art „Dating-Tagebuch". Wer seine schlechten Erfahrungen aufschreibt, kann noch gezielter daraus lernen. Und spätestens seit dem Film „Bridget Jone's Diary" wissen wir, dass Tagebuchschreiben Wunder bewirken kann.

Wenn wir einen Mann getroffen haben, der uns interessiert, egal ob im Fitness-Studio, im Job oder bei einer Party mit Freunden, ist es wichtig, dass wir aktiv werden. Natürlich sind Männer Jäger und möchten Frauen gerne erobern, aber Sie können einen Mann durchaus zuerst ansprechen. Bei den meisten Männern kommen selbstbewusste Frauen, die nicht davor scheuen, auch einmal den ersten Schritt zu tun, sehr gut an.

Wenn uns das Flirten leicht fällt und Spaß bereitet, werden wir auch sehr schnell mit Männern in Kontakt kommen. Besonders locker fühlen wir uns natürlich im Urlaub, und dementsprechend leicht lernen einander Menschen in dieser Atmosphäre kennen.

Doch wie viel Zukunft kann eine Urlaubsliebe haben? Kann aus einer Urlaubsliebe die Liebe des Lebens werden? Obwohl wahrscheinlich jeder spontan mit Nein antwortet, würde ich der Sache dennoch eine Chance geben. Ich hatte auch einige Urlaubslieben, die ich in den vorangegangen Kapiteln bereits näher erläutert habe. Obwohl einige Episoden ganz amüsant waren, hatten sie in meinem Fall keine Zukunft.

Allerdings hat meine Freundin Alina ihren Mann Gregor im Urlaub kennengelernt. Alina und Sylvie waren auf der Suche nach Spaß ins sonnige Kärnten geflüchtet. Und wie es der Zufall so wollte, kam Amors Pfeil ins Spiel: Alina lernte Gregor an der Bar eines Szenelokals kennen. Die beiden verbrachten einige herrliche und ungezwungene Tage miteinander. Obwohl Alina der Meinung war, dass es für sie nicht mehr werden sollte als ein harmloser Flirt, war das Schicksal auf ihrer Seite. Gregor lebte in der gleichen Stadt wie Alina und so war es naheliegend, dass sich die beiden auch nach dem Urlaub wiedersahen. Heute sind sie glücklich verheiratet und haben zwei Kinder.

Auch meine Freundin Alexa lernte ihren Mann bei einem Griechenlandurlaub kennen und lieben. Malerische Buchten, weißer Sandstrand, köstliche Oliven und mittendrin Nikos, dessen Augen so tiefblau waren wie das Meer. Alexa hatte es nie für möglich gehalten, aber Nikos und sie schafften es, aus einer Urlaubsliebe den Bund fürs Leben zu schließen.

Woran das liegt, ist schwer zu sagen. Für eine Urlaubsliebe gilt grundsätzlich die gleiche Strategie wie für eine Alltagsliebe. Natürlich muss die Urlaubsliebe oft noch härtere Kriterien erfüllen, denn die Liebe kann durch eine mögliche Entfernung voneinander natürlich erschwert werden. Liebe findet allerdings ihren Weg. Nikos und Alexa leben heute in den Wintermonaten auf Kreta und in den Sommermonaten zu Hause in Österreich. Natürlich sind sie eher die Ausnahme und nicht die Regel. Aber wer sagt denn, dass nicht auch Sie die Ausnahme sein können!

Auch meine Freundin Katrina hat im Schiurlaub auf der Tiroler Piste den Mann fürs Leben getroffen und ist heute glücklich verheiratet. Was ich Ihnen mit diesen Beispielen sagen will, ist, dass auch Sie der Liebe im Urlaub eine Chance geben können. Seien Sie einfach offen und lassen Sie sich überraschen. Wer als Single auf Urlaub fährt und keine Lust auf einen Flirt hat, ist einfach nur langweilig.

Nehmen Sie also den Urlaub als Flirt-Location unbedingt in Ihre Schatzkarte auf! Auch wenn Sie in den Ferien nicht den Mann fürs Leben finden sollten, dann könnten Sie zumindest Spaß haben. Und das ist ja bei der Suche nach dem Mann fürs Leben von großer Bedeutung.

Wie sieht es mit der Liebe im Büro aus? Man schreibt einander geheime Mails, verabredet sich zu einem Stelldichein im Kopierzimmer und wirft sich über einen Berg von Akten sehnsüchtige Blicke zu: So stellen wir uns allgemein betrachtet eine Affäre im Job vor. Natürlich kann so eine Liebe zu einem Kollegen ganz prickelnd sein. Aber es muss Ihnen bewusst sein, dass es auch kompliziert werden kann, insbesondere wenn Sie sich in Ihren Boss verlieben.

Manchmal beginnt die Affäre im Büro bei einer feuchtfröhlichen Weihnachtsfeier. Natürlich eignen sich solche Events perfekt, um jemanden näher kennenzulernen. Oft bescheren sie uns allerdings am nächsten Tag ein böses Erwachen. Es kann schon einmal passieren, dass Ihnen ein Kollege seine Liebe erklärt und sich am nächsten Tag an nichts mehr erinnern will. Besser ist es, wenn Sie einem Kollegen erst einmal bei einem ungezwungenen Mittagessen im Team näherkommen und sich dann zu einem Date verabreden. Die Frage ist, ob Sie die Bindung vor den anderen Kollegen geheimhalten wollen oder offen damit umgehen.

Seien Sie allerdings darauf gefasst, dass sich die Arbeitsbeziehung eventuell auch verschlechtert kann, wenn eine Liebesbeziehung dazukommt. Bleiben Sie auf jeden Fall wachsam. Paare können oft sehr erfolgreich zusammenarbeiten, sich manchmal aber auch das Arbeitsleben sehr schwer machen. Meine Cousine hat ihren Mann beispielsweise im Büro kennen und lieben gelernt. Gefunkt hat es zwischen Kopierer und Faxgerät. Heute sind die beiden seit acht Jahren glücklich verheiratet. Sie hat zwar mittlerweile den Job gewechselt, doch das Wichtigste ist: Sie ist bei ihrem Mann geblieben.

Nun kommen wir zur nächsten Gelegenheit, bei der wir einen Mann kennenlernen können: beim Sport. Da Männer meist sehr sportbegeistert sind, haben wir dabei gute Möglichkeiten für neue Kontakte. Während wir im Sommer scheinbar federleicht und braungebrannt durch die Natur joggen und sämtlichen perfekt trainierten Männern huldvoll zulächeln können, tun wir uns da in den kalten Wintermonaten etwas schwerer. Was bleibt, ist nur das Fitness-Studio. Der Nachteil dabei ist allerdings, dass die Männer uns im Fitness-Studio nicht immer nur von der Schokoladenseite kennenlernen – sondern eher von der bleichen und verschwitzten Seite. Andererseits können Sie so mit Natürlichkeit punkten. Sie wissen ja bereits: Authentizität schafft Pluspunkte!

Was ist mit dem Supermarkt als Flirt-Location? Ein guter Tipp, auch ich habe schon manchen heißen Typen in der Tiefkühlabteilung entdeckt. Checken Sie aber vorerst seinen Einkauf. Wer die Familienpackung Popcorn und Feinstrumpfhosen im Einkaufswagen herumfährt, ist garantiert verheiratet und hat Kinder. Wenn Sie Mr. Right treffen wollen, erkennen Sie ihn am besten daran, dass er nur Kaugummi und Bier unter den Arm geklemmt hat. Der klassische Singlemann kauft schnörkellos. Und gerade dafür lieben wir ihn.

Wie bereits in den anderen Schlüsseln zum Glück möchte ich auch hier nicht unerwähnt lassen, dass Sie beim Dating manchmal auch über Ihren Schatten springen müssen. Auch wenn ein Mann nicht voll Ihren Erwartungen entspricht, geben Sie ihm bitte zumindest eine Chance. Also: Niemanden abservieren, bevor Sie ihn kennengelernt haben. Denn: Eine Prinzessin will erobert werden! Sie scheut aber auch nicht davor, einmal den ersten Schritt zu tun.

Auch im Märchen begegnen uns aktive Heldinnen, die den ersten Schritt setzen. Wie zum Beispiel Cinderella: Wenn sie nicht alleine auf den Ball gegangen wäre, wäre sie ihrem Märchenprinzen nie begegnet. Auch im Märchen „Die Schöne und das Biest“ kehrt die zauberhafte Belle aus freier Entscheidung wieder zu ihrem Biest zurück, nachdem sie erkannte, dass sie sich in das Monster verliebt hatte.

Seien Sie allerdings sicher: Es geht hier nur um den ersten Schritt und nicht um den ganzen Weg. Liebe ist, wie wir bereits gehört haben, ein Spiel aus Nähe und Distanz. Tun Sie den ersten Schritt, doch dann tun Sie nichts mehr, denn jetzt ist er an der Reihe. Und wenn er nicht den zweiten Schritt macht, was ist dann? Richtig! Dann ist er selber schuld. Auf zum nächsten Prinzen! Schließlich investieren wir unsere Energie nur in einen Mann, der es auch wert ist – nachzulesen im fünften Schlüssel zum Glück.

Auch wenn eine Sache nicht klappt, sollten Sie es nie bereuen, den ersten Schritt getan zu haben. Klopfen Sie sich lieber selbst auf die Schulter und seien Sie stolz darauf. Immerhin waren Sie so mutig, ihn anzusprechen. Sie sind bestimmt nicht dran schuld, dass es nichts geworden ist – denn Sie haben dem Ganzen zumindest eine Chance gegeben. Also gilt: Wer den ersten Schritt getan hat und abgeblitzt ist, hat sich nichts vorzuwerfen.

Kritiker würden vielleicht behaupten, dass es nicht der weiblichen Rolle entspricht, den ersten Schritt zu tun. Doch auch Hildegunde Wöller weiß in ihrer Interpretation vom Märchen Aschenputtel, dass es auf weiblichen Mut und weiblichen Kampfgeist ankommt. Es geht darum, dass Frauen von heute ihr weibliches Potenzial voll ausschöpfen sollen. Wer den ersten Schritt tut, ahmt nicht männliche Muster nach, sondern hilft seinem Glück einfach nur aktiv auf die Sprünge. Über dieses Thema haben Sie bereits im ersten Schlüssel zum Glück gelesen: „Seien Sie eine Prinzessin! Wer sich königlich benimmt, wird auch so behandelt"

Aber auch wenn wir den ersten Schritt tun, wollen wir immer noch von den Männern erobert werden. Wie könnte diese Eroberung aussehen? Im Märchen spielt die Symbolik des Wachküssens eine bedeutende Rolle. Schneewittchen und Dornröschen werden von den Prinzen ihrer Träume aus einem tiefen Schlaf geweckt. Auch im wirklichen Leben kann uns ein Mann im wahrsten Sinn des Wortes die Augen öffnen. Wie ich bereits im fünften Schlüssel zum Glück beschrieben habe, kann uns unser ganz persönlicher Märchenprinz eine neue Sicht der Dinge zeigen. Wenn Sie verliebt sind, sehen Sie die Welt aus einer anderen Perspektive.

Was kann ein Mann noch tun, um unser Herz zu gewinnen? Wir Frauen wollen Männer, die ihre Gefühle zeigen können, die Freude genauso wie die Trauer. Wir wollen einen Mann, mit dem wir kuschelnd auf der Couch liegen und „Vom Winde verweht" schauen können. Wir sehnen uns nach einem Mann, der sich nicht in seinen Schmollwinkel verzieht, wenn er sich über uns ärgert. Lieber soll er seiner Wut Luft machen, damit wir anschließend wieder Versöhnung feiern können. Wir wollen Männer, die uns die Tür aufhalten, unsere schweren Einkaufstaschen und uns auf Händen tragen. Ja, wir wollen Männer, die uns im Sturm erobern!

Und was tun, wenn trotz aller Strategien der Märchenprinz dennoch ausbleibt? Überlegen Sie, ob es vielleicht bei Ihnen immer noch innere Blockaden gibt. Auch im Märchen ist es meist so, dass die Heldinnen und Helden bei der Suche nach dem Schatz oft von äußeren Widrigkeiten behindert werden. Cinderella wird von ihren Stiefschwestern und der bösen Stiefmutter daran gehindert, zum Ball zu gehen. Schneewittchen wird in den finsteren Wald gejagt und Rapunzel in einen Turm gesperrt.

Im wirklichen Leben sind es eben meist unsere inneren Barrieren, die uns Steine in den Weg legen.

Doch schon Goethe hat gesagt, dass wir selbst aus Steinen, die uns in den Weg gelegt werden, etwas Schönes bauen können. Denken Sie also noch einmal über sich selbst und diese möglichen Blockaden oder Schutzmechanismen nach. Gibt es ein negatives Erlebnis in Ihrer Kindheit, das Sie noch nicht verarbeitet haben? Wenn Ihnen dazu nichts einfällt, nehmen Sie sich die Zeit und sprechen Sie mit Ihren Eltern darüber. Oft liegt der Schlüssel in der Kindheit.

Wie ist die Beziehung Ihrer Eltern? Sind Sie getrennt oder noch zusammen? Welche Phasen hat diese Bindung durchlaufen, als Sie noch ein Kind waren? War es harmonisch oder gab es oft Streit? Hatten Sie das Gefühl, dass Ihre Eltern etwas vor Ihnen verborgen hielten, oder wurde alles offen besprochen? Setzen Sie sich intensiv mit Ihrer Kindheit auseinander. Denn wenn Ihnen zu diesen Fragen das eine oder andere Problem einfällt, dann liegt der Schlüssel zu Ihrem persönlichen Glück wahrscheinlich in der Aufarbeitung Ihrer Kindheit.

Gerade negative Erfahrungen, die wir in der Kindheit gemacht haben, sitzen oft sehr tief in uns und lassen sich kaum alleine lösen. Nehmen Sie am besten Hilfe in Anspruch. Suchen Sie sich einen Therapeuten, mit dem Sie darüber sprechen können. Oft genügen schon ein paar Sitzungen und Sie können dieses Problem aus der Welt schaffen. Und danach innerlich offen für eine Liebe sein.

Auch vergangene Beziehungen zu Expartnern können uns möglicherweise blockieren. Darum ist es so wichtig, Altlasten hinter uns zu lassen. Schließen Sie ehemalige Beziehungen auch wirklich ab und werden Sie so wieder richtig offen für Neues. Wir haben in diesem Kapitel bereits über ein symbolisches Abschiedsritual gesprochen. Diese Übung kann sehr wirkungsvoll sein!

Eine weitere Blockade kann Ihnen bei der Suche nach Ihrem Prinzen im Weg stehen: die Angst! Unsere Ängste blockieren uns in unserem Tun. Wovor haben Sie Angst, wenn Sie an eine Beziehung denken? Was könnte passieren, das Ihnen nicht gefällt? Vielleicht haben Sie auch Angst, sich wirklich in jemanden zu verlieben. Sie haben schlechte Erfahrungen gemacht und wurden enttäuscht. Ganz klar, dass Sie sich fürchten, das noch einmal zu erleben. Sie schützen sich davor, indem Sie eine neue Liebe nicht zulassen.

Folgende Übungen können Ihnen helfen, Ängste zu verabschieden. Sie müssen dabei aber unbedingt ehrlich zu sich selbst sein. Benennen Sie Ihre Ängste und schreiben Sie diese auf einen Zettel, den Sie anschließend wie beim Abschiedsritual verbrennen. Sie können den Zettel auch zerreißen und in den Müll werfen, ganz egal. Hauptsache, Sie verabschieden sich von Ihren Ängsten und können sich endlich freier fühlen.

Und sorgen Sie für Wohlfühlfaktoren in Ihrem Leben; das kann ein schönes Buch, ein neues Möbelstück, eine kuschelige Decke oder ein paar Duftkerzen sein. Wer sich liebevoll um seinen Lebensraum kümmert, wird sich gut fühlen. Und wer sich gut fühlt, zieht Positives in sein Leben. Meine Freundin Sylvie hat in ihrer Katze Anastasia einen Wohlfühlfaktor. Tiere sind wirklich etwas Wunderbares und können uns in einen angenehmen emotionalen Zustand versetzen. Wenn Sie Ihr Haustier lieben, wird diese Liebe auch andere gute Dinge in Ihr Leben bringen.

Wer sich mit Wohlfühlfaktoren umgibt, wird weniger Platz für seine Ängste finden. Wer seine Ängste abbaut, löst seine Blockaden. Und wer seine Blockaden löst, kann neu beginnen und durch aktives Tun den Mann fürs Leben finden. Sie werden dieses Tun aber nicht als mühsam empfinden, sondern als bereichernd. Inspiriertes Tun wird Ihnen dabei helfen, das zu empfangen, was Sie sich wünschen – ganz wie im Märchen!

Und der Prinz reitet mit Cinderella auf sein Schloss und sie lebten glücklich bis ans Ende ihrer Tage.

Der sechste Schlüssel zum Glück in Kürze

Eine Prinzessin will erobert werden!
Sie scheut aber auch nicht davor,
einmal den ersten Schritt zu tun

- Werden Sie aktiv! Sie wollen nicht mehr auf Ihren Prinzen warten? Kein Problem: Machen Sie sich einfach auf die Suche.
- Zeichnen Sie eine Schatzkarte! Notieren Sie die möglichen Locations, an denen Sie den Mann Ihrer Träume treffen könnten. Denn Mr. Right wird vermutlich nicht von selbst bei Ihnen zu Hause anklopfen.
- Seien Sie stolz auf sich! Haben Sie schon einmal eine Lobeshymne auf sich selbst geschrieben? Notieren Sie alles, was sich gut an sich finden. Sie werden sehen, da gibt es eine Menge.
- Aktivieren Sie Ihr Netzwerk! Wer kann Ihnen bei der Schatzsuche behilflich sein? Freunde und Familie können manchmal ebenfalls der Schlüssel zu unserem Glück sein.
- Machen Sie den ersten Schritt! Wenn Cinderella nicht alleine auf den Ball gegangen wäre, hätte sie den Prinzen nicht kennengelernt. Überlassen Sie den zweiten Schritt jedoch Ihrem Prinzen.
- Seien Sie ehrlich zu sich! Wir wurden oft verletzt und wollen uns vor weiteren Enttäuschungen schützen. Verkriechen Sie sich nicht, sondern stellen Sie sich Ihren Ängsten.
- Schließen Sie Vergangenes ab! Verabschieden Sie sich mit einem Abschlussritual von dem, was bereits hinter Ihnen liegt. Wenn Sie Blockaden fühlen, die in der Kindheit ruhen, suchen Sie sich professionelle Hilfe.

Der siebte Schlüssel zum Glück

Happy ohne Ende! Was passiert, wenn Sie Ihren Märchenprinzen gefunden haben

Der Prinz nahm Cinderella mit auf sein Schloss und dort feierten sie eine prachtvolle Hochzeit. Und wenn sie nicht gestorben sind, dann leben sie noch heute. Oder: Sie lebten glücklich und zufrieden, bis ans Ende ihrer Tage.

Der siebte Schlüssel zum Glück beginnt dort, wo Märchen zu Ende gehen. Was kommt nach dem Happy End? Und wie bleiben wir „happy ohne Ende"?

Das Ende aller Märchen idealisiert die Paarbeziehung und das Leben. Endlich haben Prinz und Prinzessin zueinander gefunden und geheiratet. Doch in Wirklichkeit beginnt jetzt erst die eigentliche Arbeit! Wenn wir uns in einen Mann verlieben und er sich in uns, dann schweben wir auf Wolken und sehen die Welt durch eine rosarote Brille. Wir haben unendlich viel Energie und könnten die ganze Welt umarmen.

Meine Freundin Sylvie backt immer die tollsten Kuchen, wenn sie verliebt ist: Zitronencremetorte, Heidelbeerkuchen, Kokosbälle und herrliche Schokoladen-Cookies. Einmal waren Alina und ich kurzfristig zu einem schnellen Kaffee eingeladen. Und Sylvie überraschte uns mit den leckersten Kreationen, die man sich vorstellen kann. Sie grinste wie ein Honigkuchenpferd und sah gar nicht so aus wie eine Frau, die sich den ganzen Tag in der Küche abgerackert hatte. „Wisst ihr, ich habe momentan so viel Energie!", strahlte sie uns an. „Du hast dich verliebt", Alina sah sie freudig an und Sylvie bejahte. „Ach, ich hab noch etwas vergessen", schnell holte sie aus der Küche noch ein Tablett mit Karotten-Muffins. Alina und ich mussten lachen.

Die erwiderte Liebe verleiht uns also Flügel. Wer liebt und geliebt wird, hat mehr Kraft als andere. Das Glücksgefühl überschwemmt uns wie eine Welle. Zu diesem Thema fällt mir auch das Zitat des italienischen Schriftstellers Luciano de Crescenzo ein: „Wir sind Engel mit nur einem Flügel. Um fliegen zu können, müssen wir uns umarmen.“ Wer frisch verliebt ist, kann also fliegen!

Da stellt sich natürlich auch wieder der Vergleich mit dem Märchen. Wenn wir etwa an Schneewittchen denken: Die Liebe zum Prinzen weckt sie aus einem todesähnlichen Schlaf. Auch Dornröschen wird durch den Kuss des Prinzen von dem Fluch der bösen Fee befreit. Und Cinderellas Prinz erkennt in dem schmutzigen Aschenputtel die schöne Prinzessin und nimmt sie mit auf sein Schloss. Ihre Herkunft spielte keine Rolle, er macht sie zur strahlenden Königin an seiner Seite.

Auch im Märchen „Die Schöne und das Biest“ verliebt sich die wunderschöne Prinzessin in das hässliche Biest. Ihre Liebe lässt alle Gegensätze überwinden und letztendlich verwandelt sich das furchterregende Biest in einen stattlichen Prinzen. Die Wandlung durch Liebe spielt im Märchen eine große Rolle. Liebe lässt uns über uns selbst hinaus wachsen.

Und wer verliebt ist, hat auch eine ganz besondere Ausstrahlung. Jetzt, wo Sie Ihren Märchenprinzen gefunden haben, beginnen sich auch andere Männer für Sie zu interessieren. Wo waren diese ganzen Typen, als Sie noch alleine und auf der Suche waren? Ganz einfach: Ihr Märchenprinz hat sie wachgeküsst. Durch ihre neue, glückliche Ausstrahlung bezaubern Sie die ganze Welt.

Meiner Freundin Alina ging es ähnlich, als sie ihren Gregor kennenlernte. Durch ihre tolle Ausstrahlung war sie auch für andere unwiderstehlich. Wer geliebt wird, der strahlt nach außen. Wieder einmal ein Beweis dafür, dass ein glückliches Inneres mit einem tollen Äußeren Hand in Hand geht. Doch die anderen Männer interessierten Alina nicht, Gregor war ihr Mr. Right.

Auch mir ging es so, als ich vor neun Jahren meinen

heutigen Mann kennenlernte. Wir verbrachten einen wunderschönen Sommer im völligen Glückstaumel. Und ich fühlte mich so schön wie nie zuvor.

Wenn Sie eine Beziehung beginnen und endlich einen Mann an Ihrer Seite haben, der Ihr Märchenprinz sein könnte, ist alles perfekt. Selbst kleine Fehler des anderen werden idealisiert. Wir sind so verliebt, das wir über vieles hinwegsehen können. Doch nach den ersten drei bis fünf Monaten kehrt der Alltag in die neue Liebe. Und jetzt beginnt auch die Arbeit. Wenn Sie Arbeit hören, werden Sie vielleicht sofort abwinken. Ich spreche jedoch, wie bereits im sechsten Schlüssel zum Glück, nicht von einer mühsamen Arbeit, sondern von einem inspirierten Tun, das unser Leben bereichert.

Was passiert, wenn der Alltag in einer Liebe beginnt? Man kann nicht das ganze Leben im Bett verbringen, irgendwann muss man wieder raus und sich dem Alltag widmen. Da ist ein Job, den wir erledigen müssen. Da sind Freunde, die wir nicht vernachlässigen sollten, und da ist eine Familie, die an unserem Glück teilhaben möchte. Wir müssen also unser normales Leben wieder aufnehmen und mit unserem neuen Partner in Einklang bringen. Vielleicht gibt es viele Gegensätze und Sie haben möglicherweise einen völlig unterschiedlichen Tagesablauf. Aber wenn Sie einander wirklich lieben, dann werden Sie es schaffen, Ihre beiden Leben in Einklang zu bringen.

Möglicherweise müssen Sie dabei ein paar Schritte aufeinander zutun. Aber wer liebt, kann sogar die eine oder andere Gewohnheit ändern. Und vielleicht entdecken Sie auch neue Seiten an sich selbst, die Ihnen besser gefallen als die alten.

Im fünften Schlüssel zum Glück haben wir ja schon erfahren, dass der Mann, der es wert ist, das Beste aus uns herausholen kann. Mein Mann und ich waren zu Beginn unserer Beziehung auch in völlig unterschiedlichen Lebenssituationen. Ich flog bei der Airline, lebte eigentlich in Wien und war die meiste Zeit in der ganzen Welt unterwegs. Ich hatte zwar auch eine kleine Wohnung in meiner Heimatstadt Linz, aber eigentlich war meine Heimat der Koffer.

Er wiederum wohnte in einem Haus an der Donau, arbeitete in einer Werbeagentur und war nebenbei Musiker. Eigentlich hatte er überhaupt keine Zeit für eine Beziehung, da er zusätzlich zu seinem Vollzeitjob von einem Konzert oder einer Studioaufnahme zur nächsten tourte.

Wie kann man an einem Tag, der eigentlich schon hundert Stunden haben müsste, noch Zeit für eine neue Liebe haben? Und wie kann ein unruhiger Freigeist, wie ich es damals war, der fremde Länder und Kulturen liebt, endlich sesshaft werden? Scheinbar prallen da zwei grundsätzlich verschiedene Welten aufeinander. Aber wir haben es geschafft, weil uns die Liebe Flügel verliehen hat.

Wenn ich von einer Reise zurückkam, blieb ich nicht mehr in Wien, sondern flog sofort zu ihm. Und wenn er da gerade keine Zeit hatte, weil er zu einem Konzert musste, dann nahm er mich einfach mit. Natürlich wird so ein schnelles Leben früher oder später anstrengend. Irgendwann schafften wir es, uns von allem freizuschaufeln und ganz spontan Urlaub zu machen. Wir kannten uns zwar erst seit drei Monaten, flogen aber dennoch miteinander für eine Woche nach Griechenland.

Wenn ich an unseren ersten gemeinsamen Urlaub denke, dann höre ich noch immer die Grillen zirpen, ich schmecke den säuerlich-herben griechischen Landwein und ich kann noch die Sterne in unseren Augen sehen. Es war ein wundervoller Urlaub, endlich gab es da kein Flugzeug, das ich erreichen musste und kein Konzert, das mein Mann nicht verpassen durfte. Es gab nur uns und unser Glück.

Doch leider verging diese Woche rasch und der Alltag hatte uns wieder. Unser Liebesalltag war ein Leben auf der Überholspur. Ich verbrachte sehr viel Zeit damit, zu rennen. Kaum war ich mit meinem Flug gelandet, rannte ich los, um das Flugzeug von Wien nach Linz zu erwischen oder den davonfahrenden Zug zu erreichen. Denn sonst würden wir wieder wertvolle Zeit zu zweit verlieren. Mein Beruf war irgendwie nicht für eine Beziehung gemacht, aber ich war noch nicht bereit, mir das einzugestehen. Klaus war für mich der Richtige und ich war bereit, alles dafür zu tun, damit wir unsere Fernbeziehung meistern würden. Das Schöne war, auch er tat alles dafür. Trotzdem blieb viel Energie auf der Strecke.

Einen Monat später gelang es mir, meinen Mann auf eine Flugreise als Passagier mitzunehmen. Es sollte nach New York gehen. Er saß als Passagier in der Business Class und ich versorgte ihn selbstverständlich mit besonders viel Liebe. In New York angekommen, eroberten wir die Stadt. New York war unserer Stadt: eine laute und schnelle Stadt, die gleichzeitig viel Liebe und Faszinationen in sich birgt. Klaus und ich wanderten stundenlang durch die Stadt, die niemals schläft. Wir picknickten im Central Park und bewunderten die Silhouette des World Trade Centers am Horizont.

Irgendwann wurde „New York“ zu „unserem New York“: Es war eine Stadt, die zum Symbol unserer Liebe wurde. Doch nur eine Woche nach unserem Trip sollte „unser New York“ in Grund und Boden erschüttert werden. Es war der 11. September 2001, der Tag des Anschlags auf das World Trade Center. Mein Arbeitsplatz, das Flugzeug, war zu einer furchtbaren Waffe geworden. Es war der schlimmste Terroranschlag unserer Zeit, der das Leben von tausenden Menschen auf einen Schlag für immer zerstörte. Unser starkes New York war verletzlich geworden.

Als es passierte, befand ich mich gerade in Paris. Mein Mann rief mich nach einem ersten Bericht auf CNN an: „Es ist etwas passiert. Ein kleines Sportflugzeug ist ins World Trade Center geflogen", erzählte er mir. Niemand war sich zu Beginn der Ausmaße dieses Anschlags bewusst. Nach und nach bekamen wir mehr Informationen: Es waren zwei Passagierflugzeuge, die die Türme getroffen hatten. Außerdem gab es einen Anschlag auf das Pentagon in Washington und ein weiteres Flugzeug wurde vermisst. Die ganze Welt schien stillzustehen. Irgendjemand versuchte, Amerika zu treffen, Krieg lag in der Luft. Flughäfen wurden gesperrt, die Angst stand den Menschen in ihre Gesichter geschrieben.

Ich versuchte, so schnell wie möglich nach Hause zu kommen. Als ich Klaus endlich wieder in die Arme schließen konnte, war mir klar, dass wir unser rasantes Leben ändern mussten. Das Leben war viel zu kurz, um voneinander getrennt zu sein. Als ich eine Woche nach dem Anschlag nach Washington fliegen musste, hatte ich Angst. Die Straßen in Washington waren menschenleer, die Menschen geschockt und mir war bewusst geworden, dass es vieles gab, was ich in meinem Leben nicht aufs Spiel setzen wollte. Ich würde meinen Job kündigen und zurück nach Linz gehen, zu meiner Familie und zu Klaus, meinem Prinzen.

Diese Episode soll zeigen, dass man es trotz widriger Umstände schaffen kann, eine Beziehung zu realisieren. Unsere Liebe war groß genug. Und ich habe meinen Entschluss, den Job, den ich einmal so geliebt habe, aufzugeben, niemals bereut. Denn eine Entscheidung, die wir aus Liebe treffen, wird immer die richtige sein.

Außerdem hat es mein Mann durch seine Begeisterung und Liebe zur Musik geschafft, auch mich zu meiner eigentlichen Leidenschaft, dem Schreiben, zurückzubringen.

Siehe auch im fünften Schlüssel zum Glück: „Der Schuh muss passen! Investieren Sie Ihre Energie nur in einen Mann, der es auch wert ist.“ Acht Jahre lang hatte ich kein Wort zu Papier gebracht. Mein Talent zum Schreiben, das ich schon als Kind gehabt hatte, war scheinbar verloren gegangen. Erst mein Mann hat es wieder zum Leben erweckt. Auch dieses Buch wäre ohne ihn wahrscheinlich nicht entstanden.

Natürlich wollen wir in einer Beziehung von einem Mann nicht geändert werden. Nur unter einer Bedingung: Wenn er uns zum Positiven ändert. Wenn Sie mit einem Mann eine Partnerschaft eingehen, wird sich ohnehin einiges ändern. Es wird Eigenschaften geben, die Ihnen am anderen weniger gefallen, und solche, die Sie dafür umso mehr mögen. Ein perfekter Mann wäre aber auch langweilig. Viel schöner ist es, wenn man sich auch in einer Beziehung entwickeln und aneinander lernen kann.

Ist also der erste Liebesrausch vorbei und kehrt der Alltag ein, dann kann es auch zu Schwierigkeiten kommen. Keine Schwierigkeiten allerdings, die wir nicht auch meistern können!

„Was passiert, wenn der Prinz die Prinzessin gerettet hat?“, fragt Richard Gere Julia Roberts am Ende des modernen Märchens „Pretty Woman“. Ihre Antwort lautet: „Sie rettet daraufhin sein Leben.“

Und darum geht es auch: Wir machen uns in einer Beziehung gegenseitig das Leben schöner. Und jedes Problem erscheint halb so schwer, weil wir es mit einem ganz besonderen Menschen an unserer Seite teilen können. Und wenn die Liebe an Beständigkeit gewinnt, werden Sie bald auch Bett und Tisch miteinander teilen. Doch wann ist in einer Beziehung der richtige Moment, um zusammenzuziehen?

Viele Männer haben ein Problem damit. Wenn Sie mit

einer Frau zusammenwohnen, bedeutet das scheinbar die Aufgabe ihres letzten Stückchens Freiheit. Wir Frauen tun uns mit diesem Entschluss meist leichter. Oft sehen wir auch die praktische Komponente. Warum doppelt Miete bezahlen, wenn man ohnehin dauernd zusammen ist? Sollte also Ihr Traumprinz beim Thema „gemeinsamer Haushalt“ allergisch reagieren, nehmen Sie das bitte nicht persönlich. Es liegt einfach in der Natur der Männer, Ausnahmen sind da eher selten.

Grundsätzlich sollten Sie eine gewisse Zeit zusammen sein, bis Sie diesen Schritt wagen. Andererseits kommt es auch ganz auf den Verlauf Ihrer Beziehung an: Manchmal stellt sich die Frage nach einem gemeinsamen Alltag bereits früher, ein anderes Mal später. Hören Sie einfach auf Ihre Bedürfnisse. Wenn Sie den Wunsch verspüren, mit Ihrem Partner zusammenzuleben, sprechen Sie darüber. Machen Sie das allerdings sehr vorsichtig. Ihr Partner soll nicht den Eindruck bekommen, dass Sie sich ihm an den Hals werfen.

Zusammenzuziehen kann ein neuer Meilenstein in Ihrer Partnerschaft sein und daher sollten Sie diesen Schritt auch gut vorbereiten. Ganz wichtig ist: Es geht nicht darum, was andere von Ihnen verlangen, sondern darum, was Sie wollen. Wenn unsere Freunde, die in Partnerschaften leben, alle zusammenwohnen, könnte es passieren, dass auch wir uns gezwungen fühlen, diesen großen Schritt zu tun. Wir sollten uns aber in dieser Sache nicht beeinflussen lassen, sondern auf unsere eigenen Paarwünsche achten.

Ich habe einmal eine lange Beziehung mit einem Mann geführt, ohne mit ihm zusammenwohnen zu wollen. Unsere Beziehung war eigentlich sehr freundschaftlich und offen. Im Grunde waren wir jedoch beide die ganze Zeit auf der Suche nach einem anderen Partner. Solange wir allerdings nichts Besseres fanden, waren wir irgendwie zusammen. Das klingt zwar jetzt irritierend, aber damals war es für beide Beteiligten eine elegante Notlösung. Irgendwann kam der Moment, als wir es doch versuchen wollten. Unsere Beziehung war auf so dünnes Eis geraten, dass ihr anscheinend nur mehr ein radikaler Schritt helfen konnte.

Also zogen wir zusammen. Ich entrümpelte meine mietpreisgebundene Wohnung und zog zu ihm. Und es war die reine Katastrophe. Schon nach einem Monat erkannten wir, dass es nicht klappen würde, wir passten in einem gemeinsamen Alltag einfach nicht zusammen. Die ganze Wahrheit war: Wir passten überhaupt nicht zusammen. Auf einen Schlag war mir alles klar. Diese Bindung war für mich ungesund geworden und ich musste da raus. Ich hatte zwar meine süße, mietpreisgebundene Wohnung verloren, aber dafür eine Erkenntnis gewonnen.

Ich zog also wieder aus und meinem Entschluss folgten Taten. Schon wenige Tage später hatte ich eine kleine, feine Wohnung zum erhöhten Preis gefunden. Ich wusste wieder einmal, dass es wichtig war, Ideen schnell in die Tat umzusetzen. Es gibt die sogenannte 72 Stunden-Regel: Wenn Sie nicht innerhalb von 72 Stunden damit beginnen, eine Entscheidung zu realisieren, dann kann sie an Kraft verlieren.

Manchmal kann das gemeinsame Wohnen auch ein Beziehungs-Aus bedeuten. Aus Erfahrung kann ich also berichten: Sie sollten auf keinen Fall zusammenziehen, um Ihre Beziehung zu retten. Wer eine schlechte Partnerschaft hat, wird durch einen gemeinsamen Haushalt das Ende der Beziehung eher erzwingen; aber hin und wieder kann das auch eine gute Sache sein, wie in meinem Fall zum Beispiel. Denn schon bald nach meiner Trennung hatte ich das Glück, einen ganz besonderen Menschen zu treffen. Einen Menschen, mit dem ich am liebsten schon nach einem Monat zusammengezogen wäre. Als ich meinen Mann kennenlernte, fühlte es sich dieses Mal einfach richtig an. Und die große Frage, ob wir zusammenziehen sollten, stellte sich bald.

Unser Beziehungsalltag sah schnell so aus, dass ich die meiste Zeit bei ihm war. Sein Haus war einfach größer als meine Wohnung. Außerdem war ich bei der Airline viel unterwegs und eigentlich wollten wir jede freie Minute, die wir hatten, miteinander genießen. Das bedeutete, dass ich nur mehr aus dem Koffer lebte. Langsam brachte ich ein paar Sachen in sein Haus, damit ich nicht immer alles mitschleppen musste. Ich platzierte ein paar Toilettenartikel und einen Föhn in seinem Bad. Ein bisschen Unterwäsche, ein paar Jeans und Tops deponierte ich in seinem Schlafzimmer. Mir sollten diese Dinge das Leben leichter machen und ihn sollten diese Sachen ganz sanft an das Zusammenleben mit mir gewöhnen.

Doch als ich ihn am nächsten Tag in meinem Auto zum Kino abholte, kam er mir mit meiner kleinen Reisetasche entgegen. Ich glaubte, meinen Augen nicht zu trauen. Er hatte doch wirklich meine Sachen wieder eingepackt. „Du hast da ein paar Sachen bei mir vergessen“, er lächelte mir zu und schien gar nichts dabei zu finden. Ich allerdings kochte vor Wut. Was bildete er sich eigentlich ein? „Danke, wie vergesslich ich bin“, sagte ich und fletschte die Zähne. Ich war sehr enttäuscht. Mein Märchenprinz konnte meine Sachen in seinen vier Wänden nicht schnell genug loswerden. Es war so ernüchternd. Meine Reaktion auf diese Sache war, dass ich mich ein bisschen rar machte.

Wer also glaubt, dass man in einer Beziehung keine Strategien mehr anwenden muss, der irrt. Als ich zwei Nächte lieber bei mir zu Hause als bei ihm verbringen wollte, wurde mein Prinz unruhig. Als er mich zur Rede stellte, erklärte ich ihm ganz ehrlich meine Lage. Ich hatte keine Lust, immer mit einer Zahnbürste und einem Slip in meiner Tasche herumzuspazieren. „Wenn du mich gerne bei dir hast, dann muss ich bei dir auch Sachen lassen können“, stellte ich fest. Weibliche Besitztümer sind für eine Männerbude anscheinend immer ein Problem. Mein Prinz machte ein säuerliches Gesicht, lächelte aber dann: „Na klar.“ So einfach war es und meine Tasche samt Föhn und Nachtcreme wanderten wieder zurück an ihren neuen Platz in seinem Haus.

Doch es ist trotzdem eine Sache, Tisch und Bett miteinander zu teilen, und eine andere Sache, wenn es darum geht, dass ein Partner seine Wohnung aufgibt. Zusammenziehen ist für eine Beziehung eine große Sache und so war es auch bei uns. Nachdem ich meinen ersten Sieg errungen hatte und einen leisen Hauch von Weiblichkeit in die Junggesellenbude meines Prinzen gebracht hatte, mussten wir wieder einen Schritt weiter gehen.

Bei einem romantischen Schaumbad schien mir die Gelegenheit günstig und ich sprach das Thema Zusammenziehen wieder an. Leider war mein Prinz wenig zugänglich. Er hatte schon einmal länger mit einer Frau zusammengewohnt und diese Beziehung war in die Brüche gegangen. So wollte er es dieses Mal einfach ein bisschen vorsichtiger angehen. Irgendwie konnte ich ihn ja auch verstehen, aber warum wollte er mich dann trotzdem immer um sich haben. Meine Wohnung war für mich nur mehr ein Durchzugsort, für den ich jedoch jeden Monat eine stattliche Miete hinblättern musste.

Was sollte ich tun? Nachdem ich einige Wochen hin und her überlegt hatte, kam mir die zündende Idee. Diese musste allerdings erst einmal besprochen werden und dazu verabredete ich mich mit meiner Mutter im Kaffeehaus. Meine Mutter ist meine beste Freundin und hat immer ein offenes Ohr für Liebesdinge. Außerdem war sie ein Teil meines Plans. Meine Idee war folgende: Ich würde meine Wohnung auch ohne die Zustimmung meines Prinzen aufgeben und vorübergehend wieder zu meinen Eltern ziehen. Da ich ja ohnehin die ganze Zeit bei meinem Mr. Right übernachtete, wäre das für alle Beteiligten sicher die beste Lösung. Indirekt würde ich mit meinem Prinzen zusammenziehen, aber offiziell wäre ich bei meinen Eltern gemeldet.

Ich beschloss also, alles auf eine Karte zu setzen und jede Menge Miete zu sparen. Meine Mutter und ich begossen unsere Idee mit einem Glas prickelnden Prosecco. Nun musste ich nur mehr meinen Prinzen in die Geschichte einweihen. Ich beschloss, das ganz beiläufig zu tun und in erster Linie die praktischen Vorteile aufzulisten.

Wenn eine Idee logisch und praktisch ist, werden Sie einen Mann leicht davon überzeugen können. Rutschen Sie nicht zu schnell auf die emotionale Ebene, sondern bleiben Sie sachlich. So können Sie einen Mann schnell überzeugen. Und wirklich: Auch in meinem Fall hat es geklappt. Der Mann mit Bindungsängsten war auf einmal ganz leicht umzustimmen. Es war zwar die gleiche Idee, die ich ihm im Schaumbad präsentiert hatte, aber jetzt war sie in einer anderen Verpackung. Und so gefiel sie ihm viel besser.

Seitdem sind neun Jahre vergangen und mein Mann und ich wohnen noch immer glücklich zusammen. Mittlerweile wurde unsere Wohngemeinschaft noch durch unsere zwei Kinder ergänzt, davon aber später mehr.

Falls Sie also auch an einen tollen Mann geraten, der jedoch in mancher Hinsicht noch Berührungsängste hat, können Sie auch hier gezielt eine Strategie anwenden und ihn so auf schnellem Weg zu seinem Glück führen. Wer zusammenzieht, macht in der Beziehung einen großen Schritt. Auch in Sachen Intimität werden Sie sich jetzt Ihrem Partner noch mehr annähern.

Meine Freundin Sylvie und Ihr Freund Tom waren ebenfalls an diesem Wendepunkt angekommen. Tom und sie führten im Grunde eine Wochenend- und Schönwetterbeziehung. Sie verbrachten herrliche Urlaube und superromantische Wochenenden, doch während der Woche blieb jeder bei sich in der Wohnung. Am Anfang war das für die freiheitsliebende Sylvie voll in Ordnung, aber irgendwann stellte sie sich doch die Frage, was zwischen ihnen nicht stimmte. Sie brachte das Thema auf den Tisch. Tom ging es wie vielen anderen Männern: Er hatte Bindungsangst. Doch auch Sylvie hatte ihre Ängste und so kamen die beiden an einen unausweichlichen Punkt.

Nach monatelangem Hin und Her beendete Sylvie zähneknirschend die Beziehung. Sie hatte so viel Energie investiert, dass keine Liebe mehr übrig war. In manchen Beziehungen überwiegen die Energieräuber, und wenn zum Ausgleich zu wenig Energiespender vorhanden sind, kann sie schnell ins Abseits rutschen. Tom bekam zwar jetzt die Panik und versprach alles, um Sylvie zurückzugewinnen. Doch für Sylvie war es einfach zu spät.

Ein weiteres wichtiges Thema beim Leben im gemeinsamen Haushalt ist die liebe Ordnung. Auch im Märchen brachten die schlampigen Sieben Zwerge Schneewittchen ein bisschen aus dem Konzept. Schneewittchen erledigte allerdings nicht alles allein, sondern erzog die Zwerge zu mehr Ordnung.

Jeder hat andere Vorstellungen von Ordnung und Sauberkeit. Wenn in einer Beziehung ein Partner total schlampig ist und alles liegen lässt und der andere immer hinter ihm herräumen muss, wird es früher oder später zu einem Konflikt kommen. Am besten, Sie klären die Lage sofort und teilen die Aufgaben im Haushalt auf. Sie brauchen dabei Konsequenz und Fairness. Und natürlich können Sie auch einen erwachsenen Mann zu mehr Ordnung erziehen. Wenn Sie ihm die Ordnung vorleben, wird er sie auch genießen und gleichzeitig erkennen, dass dazu auch ein bisschen Arbeit nötig ist. Vom Herumliegen auf der Couch ist leider noch keine Wohnung sauber geworden.

Wenn also Ihr Partner ein wahrer Schlamphans ist und Sie ihn zu mehr Ordnung erziehen wollen, ist es von großer Bedeutung, dass Sie dabei vorsichtig vorgehen. Gehen Sie charmant vor und diskriminieren Sie ihn nicht. Die Liebe kann noch so groß sein: Wenn überall schmutzige Socken herumliegen und die Zahnpastatube immer offen herumliegt, kann uns das zur Verzweiflung bringen. Zudem ist eine unordentliche Wohnung auch ein Lustkiller. Wer den Haushalt allerdings gemeinsam erledigt, kann sich zwischen Waschmaschine und Geschirrspüler auch ein kleines Sexabenteuer miteinander gönnen.

Machen Sie also Ihrem Partner klar: Wer zusammenlebt, hat auch einen gemeinsamen Haushalt, an dem zusammen gearbeitet werden muss. Leider gibt es noch keine Heinzelmännchen, die nachts die ganze Arbeit erledigen, während wir Liebe, Sex & Rock and Roll genießen.

Als ich meinen Mann kennenlernte, dauerte es eine Zeit, bis er mir endlich sein Haus zeigte. Ich vermutete schon, dass er dort noch irgendwo heimlich eine Frau versteckte. In Wirklichkeit lag es daran, dass er seine Bude für mich perfekt in Ordnung bringen wollte, bevor er sie mir präsentierte. Dabei war alles gar nicht so schlimm; ein bisschen Staub da und dort hätten mich damals wirklich nicht gestört.

Natürlich haben auch mein Mann und ich so manchen Beziehungskrach zum Thema Ordnung zu verbuchen, aber das gehört eben dazu. Auf jeden Krach kann auch schnell wieder eine Versöhnung folgen. Und wer die Aufgaben im Haushalt genau definiert hat, muss auch nicht lange diskutieren. Natürlich gibt es auch Ausnahmesituationen, die es erfordern, dass ein Partner seine Haushaltsaufgaben auch einmal nicht erfüllen kann. Definieren Sie diese am besten ganz genau, damit sie nicht überhand nehmen.

Wenn ein Mann in Ihr Leben tritt, hat er im Paket auch noch seine Familie: seine Eltern, Geschwister und vielleicht gibt es auch Kinder aus vergangenen Beziehungen. Eine Patchworkfamilie kann wunderbar funktionieren. Bleiben Sie offen und zeigen Sie Interesse am Leben Ihres neuen Partners. Denn irgendwann kommt der Moment, in dem Ihr Märchenprinz Sie seinen Eltern vorstellt. Und auch Sie werden ihn wahrscheinlich irgendwann Ihrer Familie präsentieren. Wieder so ein Meilenstein in der Beziehung!

Wer von einer glücklichen Ehe träumt, sollte versuchen, mit seinen Schwiegereltern ein gutes Verhältnis aufzubauen. Studien zufolge können zehn Prozent aller Ehen an Konflikten zwischen Schwiegertochter und Schwiegermutter scheitern. Eigentlich unnötig. Wer ein paar kleine Strategien beachtet, kann Streitigkeiten schon im Vorfeld vermeiden.

Wenn sich ein Mann für eine feste Partnerschaft entschließt, tritt seine Partnerin automatisch auch in eine Beziehung mit der Schwiegermutter. Für ein gutes Verhältnis zwischen Schwiegertochter und Schwiegermutter ist es wichtig, dass sich der Mann schon von seinem Elternhaus abgenabelt hat. Nur Männer, die den Bannkreis ihrer Mutter verlassen, entwickeln eine gute Paarbeziehung. Lesen Sie mehr dazu auch im ersten Schlüssel zum Glück: „Seien Sie eine Prinzessin! Wer sich königlich benimmt, wird auch so behandelt“

Stoppen Sie alle Verwöhnprogramme und Serviceleistungen der Schwiegermutter. Natürlich ist die Hilfe der Schwiegermutter in einer Ehe und gerade auch dann, wenn Kinder da sind, von großer Bedeutung. Aber wenn eine Beziehung neu ist, sollte die Schwiegermutter nicht zu viel Mitspracherecht haben. Natürlich muss man sie bis zu einem gewissen Grad auch zu verstehen versuchen. Sie hat Angst, ihren Sohn zu verlieren. Zeigen Sie ihr, dass sie noch eine Tochter dazugewinnen kann. Grenzen Sie sich einerseits von der Schwiegermutter ab, lassen Sie sie aber trotzdem noch an Ihrem Leben teilhaben. Achten Sie Ihre Schwiegermutter als Mutter Ihres geliebten Partners. Gleichzeitig dürfen Sie auch zu ihr auf Distanz gehen, wenn es Ihnen zu viel wird.

Irgendwann wird in Ihrer Beziehung auch einmal die Kinderfrage zur Sprache kommen. Sollte Ihr Partner schon Kinder aus einer anderen Beziehung haben, sehen Sie sich einer neuen Herausforderung, aber auch einer großen Bereicherung gegenüber. Auch mir ging es nicht anders. Als ich meinen Mann kennenlernte, hatte er einen 12-jährigen Sohn aus einer früheren Beziehung. Ich hatte wirklich Glück und sein Sohn und ich hatten von Anfang an einen wunderbaren Draht zueinander. Ich liebte Kinder schon immer, auch bevor meine eigenen geboren wurden.

Wenn man einen Mann kennenlernt, der schon Kinder hat, hegt man natürlich auch die Befürchtung, dass der betreffende Mann vielleicht keine weiteren Kinder mehr will. Diese Befürchtung ist natürlich naheliegend, aber meist unberechtigt. Denn wenn ein Mann schon einmal erfahren hat, wie wunderbar es sein kann, Vater zu sein, wird er sich wahrscheinlich wieder nach diesem Gefühl sehnen.

Natürlich ist es auch immer eine Frage des Timings. Wenn Sie Ende dreißig sind, einen Mann kennen und lieben lernen, wird irgendwann Ihre biologische Uhr ticken.

Die hören Sie selbstverständlich umso lauter, sofern Sie überhaupt einen Kinderwunsch haben. Manchmal ist es auch so, dass dieser Wunsch nur tief in uns schlummert und uns eigentlich gar nicht bewusst ist. Erst unser Mr. Right holt ihn für uns an die Oberfläche.

Sollte dieser Wunsch in Ihrer Beziehung aufkommen, ist es wichtig, dass Sie darüber sprechen. Aber Sie müssen dabei sehr viel Fingerspitzengefühl zeigen. Respektieren Sie die Ansichten Ihres Partners, aber erwarten Sie umgekehrt auch von ihm die Wertschätzung Ihrer Bedürfnisse.

Auch in meinem Fall war es so, dass ich nach zwei Jahren Beziehung den Wunsch nach einem Kind hegte. Mein Mann und ich waren damals noch nicht verheiratet, aber das spielte für mich keine Rolle. Er war für mich der Vater meiner Kinder. Ein Pech war nur, dass sich der Vater meiner Kinder von meiner Idee zunächst gar nicht begeistert zeigte. Er hatte schon ein Kind und war mit mir so glücklich, wie es war. Warum etwas ändern? Doch ich sehnte mich nach dieser Veränderung, hatte allerdings keine Ahnung, wie ich ihm das klarmachen sollte.

Wenn wir das Gefühl haben, dass wir in einer Beziehung in einer Grundsatzfrage nicht weiterkommen, heißt das nicht unbedingt, dass es der falsche Partner ist. Vielleicht ist es ja nur der falsche Zeitpunkt. Lassen Sie das Thema einfach eine Zeit lang ruhen. Dieser Abstand hilft oft. Auch in meinem Fall war es so. Ich ließ das Thema ruhen. Nachdem ich gerade einen neuen Job bei einem Magazin angenommen hatte, war die Ablenkung perfekt. Ich stürzte mich in die Karriere und legte den Kinderwunsch kurzfristig auf Eis. Und als ich nach einigen Monaten das Thema wieder auf den Tisch brachte, war der richtige Moment gekommen. Mein Prinz war bereit.

Wenn man sich in einer Partnerschaft entschließt, ein Kind zu zeugen, ist das der größte Meilenstein für eine

Beziehung. Denn es gibt kaum etwas Schöneres im Leben, als Eltern zu werden. Und Kinder sind die schönste Bereicherung und das größte Glück, das man sich vorstellen kann. Kinder zu bekommen und miteinander großzuziehen, ist natürlich auch eine sehr große Verantwortung und lebenslange Aufgabe, die man teilt.

Vorsicht ist geboten, wenn Sie ein Kind bekommen wollen, um damit Ihre Beziehung zu retten. Kinder sind kein Rettungsanker, sondern eher eine Belastung für eine Paarbeziehung. Und trotzdem schenken uns Kinder das größte Glück, das man sich vorstellen kann. Und es gibt diesen ganz besonderen Moment, wenn Sie in die Augen Ihrer Kinder sehen und darin einen Teil Ihres Partners und einen Teil von sich entdecken. Kinder sind das Produkt unserer Liebe!

Als sich mein Mann und ich für ein Kind entschieden hatten, dachten wir, dass ich auf Knopfdruck schwanger werden würde. Doch der Kindersegen wollte sich nicht einstellen. Nach einem Jahr war ich schon richtig frustriert. Mein Mann ging viel lockerer damit um, bei ihm tickte allerdings auch keine biologische Uhr. Ich war schon drauf und dran, eine Spermaprobe von meinem Mann für eine Analyse im Labor zu fordern, als ich einen Bericht über die traditionelle chinesische Medizin las. Da erkannte ich eine Chance. Ich vereinbarte einen Termin und bekam scheußliche Kräutertees verschrieben.

Drei Monate später blieb meine Regel aus. Ich war fürchterlich aufgeregt und machte einen Schwangerschaftstest. Das Ergebnis war positiv. Ich konnte mein Glück kaum fassen. Und auch mein Mann und sein Sohn freuten sich riesig. Neun Monate später erblickte unser gemeinsamer Sohn Benjamin das Licht der Welt. Weitere fünf Monate später kämpfte ich erneut mit morgendlicher Übelkeit. Zu unserer großen Verblüffung hatte ich wieder ein positives Testergebnis. Meine Tochter Lili war unterwegs.

Dass ein Kind ein ganzes Paarleben auf den Kopf stellen kann, habe ich ja bereits erwähnt. Aus zwei Verliebten werden Mutter und Vater. Meist sind beide Eltern zu Beginn mit dieser großen, neuen Verantwortung noch völlig überfordert. Da ging es mir nicht anders. Als ich meinen wunderschönen kleinen Sohn im Arm hielt, konnte ich es kaum fassen. Ich war jetzt verantwortlich für diesen neuen Menschen. Die größte Aufgabe, die man sich vorstellen kann. Aber ich hatte meinen Mann an meiner Seite.

Wenn Sie ein Kind bekommen, sollten Sie Ihren Partner vom ersten Moment an einbeziehen. Natürlich stillt die Mutter das Kind, aber es können dennoch beide Eltern gewisse Aufgaben übernehmen. Mein Mann erwies sich als sehr aktiver Vater, der auch bei nächtlichem Gebrüll aufstand, Babybrei kochte und Schnuller verabreichte.

Bei einer jungen Familie steht das Leben also Kopf, alles dreht sich um die neue Elternrolle und nicht mehr nur um die Paarbeziehung. Betrachten Sie Ihr Elternsein aber wirklich als Rolle, nicht als Ihre Natur. Neben der Mutterrolle können Sie genauso noch die Rolle der Geliebten leben. Natürlich ist es ganz normal, dass in den ersten Monaten nach der Geburt im Bett nichts läuft. Machen Sie sich in diesem Punkt keinen Stress, da geht es allen jungen Eltern ganz gleich. Achten Sie jedoch darauf, dass Sie den richtigen Zeitpunkt für den Neustart im Bett nicht verpassen.

Natürlich ist das nicht so leicht, denn wer ein kleines Baby zu Hause hat, ist eigentlich immer müde. Wenn ihre Partnerin schon beim Hauptabendprogramm vor dem Fernseher einpennt, sind Männer oft enttäuscht. Wichtig ist, dass sich Ihr Partner in Ihre Situation versetzen kann. Immerhin ist auch mit Ihrem Körper etwas passiert,

Sie haben ein Kind geboren. Es ist verständlich, dass Sie sich von der stillenden Mutter nicht sofort in die Sexbiene verwandeln können. Und machen Sie sich keine Illusionen: Es dauert lange, bis der Sex wieder so leidenschaftlich wird, wie er vor der Geburt des Kindes war. Sehen Sie Sex als Gesamtkunstwerk, auch Streicheln, Umarmen und Küssen gehören dazu. Schenken Sie dem Küssen und Schmusen Ihr Hauptaugenmerk. Ehepaare geraten oft in die „Bussi Bussi-Falle" und haben scheinbar vergessen, wie innig ein leidenschaftlicher Kuss sein kann.

Tasten Sie sich also langsam an die Sache heran. Vergessen Sie das Märchen vom schnellen Sex. Natürlich kann auch ein Quickie toll sein, aber in dieser speziellen Lage braucht es auf jeden Fall ein bisschen Vorbereitung. Und tun Sie nichts, was Sie nicht möchten. Die Devise lautet: besser kein Sex als schlechter Sex. Auch kann es passieren, dass Sie endlich sexuell aktiv werden, dann aber das Baby schreit und die Leidenschaft wieder dahin ist. Versuchen Sie, diese Situation mit Humor zu nehmen, sie wird Ihnen noch oft passieren.

Als ich nach der Geburt meines Sohnes nach einem halben Jahr wieder schwanger war, konnte ich es gar nicht glauben. Einerseits hatte ich mir immer zwei Kinder gewünscht, aber andererseits war unser Leben schon mit einem Kind nicht leicht. Benjamin bekam gerade Zähnchen und brüllte jede Nacht. Wie sollten wir es mit zwei Kindern schaffen? Die Überraschung war groß, denn im Gegensatz zu Benjamin hatten wir Lilis Ankunft nach so kurzer Zeit natürlich nicht geplant. Doch manchmal hat das Leben seinen eigenen Plan und macht uns damit die schönsten Geschenke, die man sich nur vorstellen kann. Und ich habe gelernt, dass man über sich selbst hinauswachsen kann.

Denn unsere Tochter Lili sollte noch sehr viel Aufregung für uns bereithalten. Unser Mädchen hatte es sehr eilig und wollte schon zwei Monate vor dem Geburtstermin zur Welt kommen. Ihr Zustand war unmittelbar nach der Geburt allerdings sehr kritisch. Ich war damals am Boden zerstört, meine Angst um mein Mädchen war unermesslich. Nebenbei war da auch noch mein kleiner Sohn, den zum Glück die Großeltern versorgten, sodass mein Mann und ich rund um die Uhr bei unserer kleinen Tochter im Krankenhaus bleiben konnten. Es war die schwierigste Zeit in meinem Leben. Doch mein Mann stand mir als starker Partner zur Seite und irgendwann bekam ich auch selbst wieder Kraft.

Wer je um das Leben seines Kindes bangen musste, kann sich vorstellen, was wir als Eltern durchgemacht haben. Die kleine Lili musste die ersten Tage ihres Lebens künstlich beatmet werden. Ihr Leben schien an einem seidenen Faden zu hängen. Erst eine Woche nach der Geburt durfte ich sie zum ersten Mal im Arm halten. Und als ich mein winzig kleines Leichtgewicht im Arm hielt, spürte ich eine unermessliche Kraft, die von ihr ausging. Sie war noch so klein und ihr Lebenswillen war schon so stark. Das gab auch mir wieder Energie. Heute ist Lili ein gesundes, munteres, vierjähriges Mädchen, das sehr gerne Ballett tanzt und am liebsten mit ihrem Bruder spielt. Und ich verrate Ihnen eines: Es gab seither keinen Tag in meinem Leben, an dem ich nicht dafür dankbar bin.

Mein Mann und ich hatten diese schwere Krise überstanden und waren dadurch noch stärker geworden. Wer eine große Krise in einer Partnerschaft erfolgreich bewältigt, geht dadurch noch enger verbunden hervor.

Auch im Märchen müssen Prinz und Prinzessin immer wieder Krisensituationen durchleben, etwa im Märchen Rapunzel:

Es waren einmal ein Mann und eine Frau, die wünschten

sich von Herzen ein Kind. Lange Zeit hofften sie vergeblich. Doch endlich schien sich ihr Wunsch zu erfüllen und die Frau bekam ein Kind. Die Freude war sehr groß.

Ans Haus grenzte ein saftiger Garten, in dem die Frau schöne, grüne Rapunzeln erblickte. Doch es gab keine Tür, durch die man den Garten betreten konnte, denn er gehörte einer Zauberin. Die schwangere Frau bekam eine solche Lust auf die frischen Rapunzeln, dass ihr ganz elend wurde. So überredete sie ihren Mann, ihr ein paar Rapunzeln aus dem Garten zu holen. Der Mann tat alles, um seine Frau zufriedenzustellen und so fügte er sich auch diesem Wunsch. Doch als er die Rapunzeln holen wollte, überraschte ihn die Hexe. Als sie böse wurde, erklärte ihr der Mann, dass er die Rapunzeln nur für seine schwangere Frau holte. Da beruhigte sich die Hexe: „Hol dir nur so viele Rapunzeln, wie du willst. Aber dafür sollt ihr mir euer Kind geben, wenn es auf der Welt ist", sprach die böse Hexe. Voller Angst stimmte der Mann zu und als das Kind, ein reizendes Mädchen, geboren wurde, nahm die böse Hexe es mit.

Die Zauberin gab ihm den Namen Rapunzel und sperrte es an seinem 12. Geburtstag in einen Turm ohne Tor. Rapunzel war das schönste Mädchen, das es jemals gegeben hatte und die Zauberin wollte die Welt von ihm fernhalten. Wenn die Alte zu dem Mädchen hinaufwollte, um ihm etwas zu essen zu bringen, rief sie: „Rapunzel, Rapunzel, lass mir dein Haar herunter!" Rapunzel hatte wunderschönes langes Haar, das sie zu einem Zopf flocht, damit die Zauberin hinaufklettern konnte.

Es verging einige Zeit, da kam ein junger Prinz in den Wald und ritt zufällig am Turm vorbei. Er hörte eine Stimme, die so lieblich sang, dass es ihm ganz warm ums Herz wurde. Er hielt inne und lauschte dem schönen Gesang. Da sah er das Mädchen ganz oben am Turmfenster und verliebte sich auf den ersten Blick. Als er keinen Eingang zum Turm fand, versteckte er sich und konnte die Zauberin beobachten, wie sie am langen Zopf des Mädchens emporkletterte. So versuchte auch er sein Glück. „Rapunzel, Rapunzel, lass dein Haar herunter", rief er eines Abends zum Turmfenster hinauf. Das schöne Mädchen erwartete die Zauberin und war überrascht, als sie einen jungen Prinzen sah. Auch sie verliebte sich in ihn.

Von nun an besuchte der Prinz das Mädchen jeden Tag. Eines Tages fragte er es, ob es seine Frau werden wolle. Glückstrahlend bejahte das Mädchen und gemeinsam bereiteten sie ihre Flucht vor. Doch dann passierte etwas: Als die Zauberin eines Tages wieder zu dem Mädchen hochkletterte, fragte sie Rapunzel: „Wie kommt es, dass du so viel langsamer zu mir heraufkletterst als der Königssohn?" Da wurde die Zauberin zornig und Rapunzel begriff, dass sie sich verraten hatte. Die Alte schnitt Rapunzel ihren Zopf ab und brachte das Mädchen weit weg in die Einöde.

Als der Königssohn kam, um Rapunzel zu retten, ließ die Hexe Rapunzels Zopf hinunterhängen. Doch als der Königssohn hinaufkletterte, fand er nicht seine schöne Braut, sondern die schreckliche Alte. Er war so voller Kummer und Entsetzen, dass er sich vom Turm stürzte. Er fiel in ein Dornengestrüpp und verlor dabei sein Augenlicht. Verzweifelt irrte er durch den Wald. So geschah es, dass er sich in die Einöde verirrte, wo auch Rapunzel weilte. Er hörte ihren lieblichen Gesang und konnte sein Glück kaum fassen. Endlich waren sie wieder zusammen. Ihre Freudentränen benetzten die Augen des Königssohns und er gewann sein Augenlicht zurück. Und er sah, dass Rapunzel ihn mittlerweile zum Vater gemacht hatte.

Voller Freude gingen sie in das Reich des Prinzen und feierten eine prachtvolle Hochzeit. Und so lebten Rapunzel und der Königssohn mit ihren Kindern glücklich und zufrieden. Und wenn sie nicht gestorben sind, dann leben sie auch heute noch.

Das Märchen von Rapunzel zeigt uns also auch, wie man aus einer schwierigen Krisensituation wieder gestärkt hervorgehen kann. Wenn eine Liebe sich auch in Krisen bewährt, ist sie stark genug, dass sie für ein ganzes Leben halten kann. Und nun kommen wir zum nächsten großen Meilenstein in einer Beziehung: In einer glücklichen Lebensgemeinschaft wird sich irgendwann die große Frage stellen: Willst du mich heiraten?

Eine Hochzeit steht auch im Märchen immer für ein glanzvolles Happy End und ist für alle Kulturen ein Inbegriff von Freude und Liebe. Wer eine Hochzeit nur als reine Formalität sieht, der irrt. Ein lebenslanges Ja ist das größte Versprechen, das man einander in einer Liebe geben kann.

> *„Ich verspreche dich zu lieben*
> *und dir die Treue zu halten,*
> *in guten und in schlechten Zeiten,*
> *in Gesundheit und in Krankheit,*
> *bis der Tod uns scheidet.*
> *Ich will dich lieben, achten und ehren,*
> *alle Tage meines Lebens."*

Diese Worte in einer Kirche an der Seite Ihres Prinzen aussprechen zu können, ist der größte Liebesbeweis, den Sie setzen können. Sie werden Ihre Liebe stärken und verbinden.

Natürlich gibt es auch viele Paare, die sich für eine Liebe ohne Trauschein entscheiden. Wichtig ist, dass sich beide Partner in diesem Punkt einig sind. Wenn es in einer Beziehung bereits Kinder gibt und man glücklich zusammenlebt, das Thema Ehe aber nie zur Sprache kommt, dann stellen sich viele Frauen die Frage: Warum will er mich nicht heiraten?

Reden Sie darüber. Natürlich müssen Sie als Frau nicht unbedingt darauf warten, bis Ihnen Ihr Prinz einen Antrag macht. Sie können auch selbst die Initiative ergreifen. Auch das Märchen vertritt diese Einstellung. Gerade auch in der Geschichte von Rapunzel und dem Prinzen sehen wir, dass eigentlich nicht er sie, sondern sie ihn rettet: Ihre Tränen benetzten seine Augen und er konnte wieder sehen.

Erwarten Sie von Ihrem Partner nicht den klassischen Antrag mit Kniefall und Diamantring. Wenn Sie ihn bekommen, ist das natürlich toll. Aber grundsätzlich ist es nicht wichtig, wie der Antrag ausfällt. Was zählt, ist die Entscheidung, die Sie und Ihr Partner treffen. Und eine Ehe ist immer eine partnerschaftliche Entscheidung.

Mein Mann hat beispielsweise nicht mir einen Antrag gemacht, sondern ganz klassisch meinem Vater, was ich mindestens genauso romantisch fand. Wir heirateten, als ich bereits mit Benjamin schwanger war, im kleinen Kreis auf dem Standesamt. Eigentlich hatte ich mir immer eine große Hochzeit in einer Kirche gewünscht, doch mein Mann war dazu nicht bereit. So entschieden wir uns für eine kleine, aber sehr stimmungsvolle Hochzeit in einem Standesamt. Und es wurde einer der glücklichsten Tage in meinem Leben. Auch meine Eltern taten alles, um uns ein schönes Fest zu bereiten.

Manchmal geht es also nicht nur um die Entscheidung, dass wir heiraten. Auch wie wir heiraten, kann eine kritische Frage in vielen Beziehungen sein. Das Wie sollte sich jedoch nicht in den Vordergrund drängen. In erster Linie geht es darum, dass Sie und Ihr Mr. Right überhaupt heiraten wollen. Das ist eine ganz große Sache und eine lebenslange Entscheidung, die Sie treffen. Respektieren sie Ihre gegenseitigen Vorstellungen bei der Planung Ihrer Hochzeit. Vielleicht gibt es ja eine Möglichkeit, sich in der Mitte zu treffen.

Mein Mann und ich haben zum Beispiel fünf Jahre nach unserer standesamtlichen Trauung unsere kirchliche Hochzeit nachgeholt. Sie war genau so, wie ich sie mir immer erträumt hatte. Ich trug ein weißes Prinzessinnenkleid, mein Mann strahlte mich vor dem Altar an und ich sah in seinen Augen so viel Liebe, dass es für ein ganzes Leben reicht. Mein Vater führte mich in die Kirche und meine Mutter streute mit meinen Kindern Blumen. Es war eine Hochzeit wie im Märchen, der schönste Tag in meinem Leben. Und mir wurde klar: Mein Mann ist das Beste, was mir je passiert ist.

Auch im Film „Pretty Woman" stellt Julia Roberts ihrer Freundin die Frage: „Wer hat im wirklichen Leben schon so viel Glück? Nenn mir nur ein Beispiel!" „Ich soll dir ein Beispiel nennen? Da fällt mir nur Schneewittchen ein!", antwortet die Freundin. Doch wer glaubt, dass Glück in der Liebe nur auf die Kinoleinwand oder auf alte Märchenbücher begrenzt ist, der irrt. Glück ist möglich, für jeden von uns. Und wenn Schneewittchen so viel Glück hatte, können wir das auch haben!

Hin und wieder ziehen in jeder noch so glücklichen Beziehung auch einmal Gewitterwolken auf. Wie bleiben wir also „happy ohne Ende"? Manchmal kommt auch nach einer Traumhochzeit ein tiefer Fall. Mein Mann und ich sind nach unseren Flittertagen auf ziemlich unsanftem Weg wieder am Boden gelandet. Wir verloren in einer Woche beide unseren Job. Das klingt jetzt vielleicht unvorstellbar, aber glauben Sie mir, es war leider wahr. Die Wirtschaftkrise hatte uns getroffen.

Erst dachten wir, dass wir unbesiegbar seien und alles schaffen könnten, doch die Lage verschärfte sich. Wir hatten eine Hochzeitsreise gebucht, die wir zwar eigentlich nicht mehr bezahlen, aber auch nicht mehr stornieren konnten. Da ich die treibende Kraft bei der Planung dieser Reise gewesen war, gab mein Mann mir die Schuld daran. Schuldzuweisungen sind in einer Beziehung ein sehr großes Problem. Ich fiel in ein tiefes Loch. Drei Monate nach unserer kirchlichen Hochzeiten stritten wir nur mehr und das spürten auch unsere Kinder. Jeder Tag wurde zu einer neuen Herausforderung und streckenweise fühlte ich mich einfach machtlos.

Irgendwie kamen wir aus unserer Lage wieder heraus. Mein Mann und ich begannen beide zu arbeiten wie die Wilden. Wir wussten, dass wir es aus eigener Kraft schaffen konnten. Doch dazu mussten wir aktiv werden, etwas tun. Ich verbrachte meine Nächte am Computer und schrieb dieses Buch. Mein Mann machte sich mit einer musikalischen Geschäftsidee selbstständig. Langsam arbeiteten wir unsere Schulden ab und konnten letztendlich auch unsere Hochzeitsreise antreten. Wir standen vor einer großen Prüfung. Natürlich ist Geld nicht das Wichtigste in einer Beziehung. Aber wenn man Existenzängste, enorme Fixkosten und zwei Kinder zu versorgen hat, leidet auch die Liebe unter dieser Belastung.

Heute kann ich sagen: Im Grunde war der Jobverlust das Beste, was uns passieren konnte. Wir fanden neue Aufgaben, die besser zu uns passten, und erreichten auch in unserer Beziehung eine neue Stufe. Wir hatten hart gearbeitet, gekämpft und uns wieder Schritt für Schritt nach oben gearbeitet. Und wir können jetzt gemeinsam die Aussicht bewundern.

Wenn es also in einer Beziehung nicht nur um innere Paarprobleme, sondern auch um äußere Umstände, die der Liebe das Leben schwer machen, geht, ist es wichtig, dass wir zusammenhalten. Zwei sind stärker als einer alleine. Natürlich ist es leicht, sich gegenseitig die Schuld an der Misere zu geben und sich irgendwann zu trennen. Wer glaubt, dass er es alleine leichter schafft, der irrt sich allerdings. Stehen Sie die Krise besser gemeinsam durch, auch wenn es Ihnen noch so schwer erscheint. Wenn die Liebe groß genug ist, werden Sie es schaffen.

In einer langen Beziehung neigen wir auch manchmal dazu, unseren Partner mit weniger Respekt zu behandeln. Achtung und Wertschätzung sind jedoch die Grundvoraussetzungen in einer langen Partnerschaft. In einer Beziehung gibt es auch immer „Energieräuber" und „Energiespender". Achten Sie darauf, dass das Verhältnis ausgewogen ist. Wichtig ist, dass Sie beieinander Energie tanken können.

In der mentalen Beziehungskommunikation ist es außerdem ganz wichtig, dass Sie einander zuhören können. Auch der Mentalist Manuel Horeth beschreibt in seinem neuen Buch „Wir sind alle Mentalisten" die große Bedeutung des aktiven Zuhörens. Viele Missverständnisse könnten aus dem Weg geräumt werden, wenn wir uns in unseren Partner einfühlen und aktiv zuhören können. Das gilt natürlich für beide Partner. Natürlich gehört auch Streit zu einem gesunden Beziehungsalltag. Wesentlich ist jedoch, dass Sie sich danach wieder ausführlich aussprechen und versöhnen können.

Werden Sie in einer Bindung nicht zur „Drama Queen". Ich neige beispielsweise manchmal zu Überreaktionen. Bleiben Sie lieber am Teppich und haken Sie eine Meinungsverschiedenheit auch wieder schnell ab. Seien Sie nicht nachtragend. Verzeihen ist ein Zeichen von innerer Stärke und hält uns auch gesund.

Kommunikation ist das Um und Auf in einer Beziehung. Wer über alles spricht und nichts hinunterschluckt, hat auf Dauer die besseren Karten. Was ebenfalls von Bedeutung ist: Bewahren Sie sich in Ihrer Paarbeziehung immer noch die eigene Identität. Es gibt ein Wir und es gibt gleichzeitig immer noch ein Ich. Ihr Ich soll im Du aber nicht verloren gehen, sondern nur an Bedeutung gewinnen. In einer Beziehung vereinigen sich zwei Menschen am innigsten, indem sie zugeben, dass sie niemals eins werden können.

Versuchen Sie, sich in einer Beziehung oder Ehe niemals vorschnell zu trennen. Eine lange Partnerschaft ist es auf jeden Fall wert, dass man dafür kämpft. Auch Eva Maria Zurhorst beschreibt in ihrem Bestseller „Liebe dich selbst und es ist egal, wen du heiratest“ die große Bedeutung einer Lebensgemeinschaft. Außerdem gilt: Wer schnell den Partner wechselt, sieht sich beim nächsten Partner auch wieder mit dem gleichen Problem konfrontiert. Lieber aneinander wachsen, miteinander arbeiten und einander lieben.

Die Liebe ist wie eine kostbare Pflanze. Wenn wir vergessen, sie zu gießen, wird sie eines Tages austrocknen. Wenn eine Pflanze schon ganz vertrocknet ist, braucht sie mehr Wasser, mehr Licht und mehr Liebe, um wieder aufgepäppelt zu werden, als wenn sie täglich mit ausreichend Wasser versorgt wird. Genauso ist es in einer Beziehung. Wenn Sie stets liebevoll und wertschätzend miteinander umgehen, wird Ihre Liebe blühen. Vergessen Sie darauf und vernachlässigen Sie sie, wird die Liebe weniger.

Doch auch wenn Sie glauben, dass keine Liebe mehr für Ihren Partner übrig ist, ist es noch nicht zu spät. Denn wo einmal Liebe war, kann auch wieder Liebe entstehen. Auch wenn nur mehr ein kleiner Samen vorhanden ist, kann daraus wieder eine schöne, große und starke Pflanze und vielleicht irgendwann einmal ein richtiger Baum wachsen. Dieser Baum hält jedem Unwetter stand und ist voller Energie. Auch Dürreperioden wird ein starker

Baum besser durchstehen. Zeichnen Sie einen Baum, der symbolisch für Ihre Liebe steht und schreiben Sie Ihre Beziehungsziele und Ideen, wie Sie Ihre Liebe stärken können, auf seine Äste.

Natürlich gibt es auch Situationen, in denen man aufgibt. Manchmal ist auch eine Trennung oder Scheidung unvermeidlich. Es kommt darauf an, wie viel zerstört wurde. Sollte zum Beispiel Gewalt im Spiel sein, müssen Sie sofort die Notbremse ziehen. Selbst wenn es Ihrem Partner nach jedem Ausbruch wieder leid tut und er um Vergebung bittet. Gewalt in einer Partnerschaft ist nicht tolerierbar, hier gibt es keine Ausnahmen. Sollten Sie sich in so einer Lage befinden, holen Sie sich alle Hilfe, die Sie bekommen können, und befreien Sie sich aus dieser ungesunden Beziehung. Wir sprechen hier von einer sehr ernsten Situation, die Sie keinesfalls alleine meistern können. Erst wenn Ihr Partner sich in eine Therapie begibt, kann er wieder zu Ihnen zurückkommen.

Eine andere große Bedrohung für eine Beziehung ist der Betrug. Hier muss jeder selbst für sich entscheiden, wie er mit der Verfehlung des Partners umgeht. Manchmal kann auch eine Paartherapie helfen, einen Betrug zu verzeihen. Wichtig ist, dass Sie Ihrem Partner wieder vertrauen können. Andererseits dürfen Sie ihm aber seine Verfehlung nicht immer wieder vorhalten. Irgendwann muss es vergeben und vergessen sein, wenn Sie einen Neustart versuchen wollen.

Denken Sie immer daran: Eine perfekte Liebe gibt es nicht. Es gibt nur Liebe. Und die ist perfekt!

Und was noch wichtig ist: Glauben Sie an Ihr Märchen. Das Leben hält sehr viel Glück für Sie bereit, denn Sie haben es verdient! Das Beste ist gerade gut genug für Sie. Die Cinderella-Strategie besagt, dass Sie die Hauptdarstellerin in Ihrem Lebensmärchen sind.

Was wollen Sie? Alles, was denkbar für Sie ist, ist auch machbar! Schreiben Sie Ihre glückliche Geschichte einfach selbst. Manchmal gehört auch ein bisschen Spannung dazu und ganz ohne Schwierigkeiten wäre es doch auch langweilig. Doch am Schluss gibt es ein Happy End, oder noch besser, Sie werden „happy ohne Ende“. Versprechen Sie es sich selbst!

Und der Prinz ritt mit Cinderella auf sein Schloss. Dort feierten sie eine prachtvolle Hochzeit und lebten glücklich alle Tage ihres Lebens.

Der siebte Schlüssel zum Glück in Kürze

Happy ohne Ende!
Was passiert, wenn Sie Ihren Märchenprinzen gefunden haben

- Jetzt gehts erst richtig los! Erst wenn Sie Ihren Prinzen gefunden haben, beginnt die eigentliche Beziehungsarbeit. Diese Arbeit sollte jedoch nicht mühsam, sondern ein inspiriertes Tun sein.
- Zu zweit ist das Leben schöner als alleine! Vernachlässigen Sie Ihre Paarbeziehung nicht. Seien Sie füreinander Energiespender und gießen Sie Ihr Beziehungspflänzchen regelmäßig.
- Eine Hochzeit ist die Krönung für eine Liebe! Entscheiden Sie gemeinsam, wie Sie sich Ihre Lebensgemeinschaft vorstellen, und respektieren Sie die Wünsche des anderen.
- Diskutieren Sie die Kinderfrage! Kinder sind die größte Bereicherung für eine Beziehung, allerdings auch eine

große Herausforderung. Sie sind jedoch keine Problemlöser für eine Beziehung.

- Streit gehört zu jedem gesunden Beziehungsalltag! Wichtig ist, dass Sie sich anschließend ausgiebig aussprechen und wieder versöhnen können. Verzeihen zu können ist ein Zeichen von Größe und außerdem gesund.
- Geben Sie nicht leichtfertig auf! Teilen Sie gemeinsame Sternstunden und machen Sie sich dadurch stark für Krisenzeiten. Kämpfen Sie in einer Krise für Ihre Beziehung.
- Verwirklichen Sie Ihr persönliches Märchen! Sie sind die Hauptdarstellerin in Ihrem Liebesmärchen und alles, was Sie sich vorstellen können, kann auch wahr werden.

Nachwort

Die Liebe allein versteht das Geheimnis, andere zu beschenken und dabei selbst reich zu werden.

Augustinus

Heute ist Sonntag, der 14. Februar 2010, Valentinstag – der Tag der Liebe. Am 14. Februar bekommt die ganze Welt Herzklopfen. Und wenn an diesem speziellen Tag sogar die unromantischsten Menschen plötzlich über die Liebe schwärmen, dann weiß ich, dass ein ganz besonderer Zauber in der Luft liegt.

Auch wenn Sie am Tag der Liebe alleine sind und beim Anblick von eng umschlungenen Pärchen vor Wut mit den Zähnen knirschen, dann vergessen Sie nicht: Liebe hat viele Gesichter. Wenn es gerade keinen Menschen an Ihrer Seite gibt, dann beschenken Sie sich einfach selbst.

Bestimmt gibt es aber auch eine liebe Freundin, die Sie mit ein paar Blumen überraschen können. Denn der Tag der Liebe ist auch ein Tag der Freundschaft. Und wer Liebe ausschickt, wird Liebe ernten, in jeder Beziehung.

Eine Berührung, ein Lachen, eine Umarmung, ein Kuss: Liebe kann Brücken bauen und Märchen wahr werden lassen. Liebe ist ein Märchen!

In sieben Schlüsseln zum Glück habe ich in diesem Buch über die Liebe geschrieben; über die Suche nach Liebe und darüber, was passiert, wenn man die Liebe gefunden hat. Vielleicht haben Sie sich in manchen meiner Geschichten selbst wieder gefunden und hoffentlich habe ich Sie ein bisschen zum Schmunzeln gebracht.

Was ich mit meinem Buch in erster Linie wollte: Sie ein Stück näher zu sich selbst und gleichzeitig zu jemand anderen zu bringen. Machen Sie den ersten Schritt. Dann wird Ihr Leben seinen Lauf nehmen.

Gleich, ob Sie Single sind oder in einer Beziehung leben: Wichtig ist, dass Sie sich selbst mögen. Dann werden Sie auch von anderen geliebt und können andere lieben. Und verabschieden Sie sich von dem Mythos, dass das Leben leicht ist. Natürlich wollen wir unsere Leichtigkeit nicht verlieren, denn die verleiht schließlich der Liebe Flügel. Aber wer glaubt, dass die Liebe einfach wäre, der liegt falsch.

Ich kenne die einsamen Wochenenden eines Singles, die leeren Pralinenpackungen und das nervende Warten auf ein Klingeln des Telefons genauso wie den Beziehungsfrust und die Alltagsstreitereien über schmutzige Wäsche und Geschirrberge. Aber glauben Sie mir, irgendwo dazwischen liegt das Glück. Liebe ist Arbeit, aber es ist eine schöne Arbeit, ein Entwicklungsprozess.

In einer Liebesbeziehung lernen wir, am anderen zu wachsen. Das bedeutet nicht, dass wir den anderen ändern sollen. Liebe heißt, den anderen so zu nehmen, wie er ist. Aber es bedeutet gleichzeitig, sich aneinander anzunähern und sich aufeinander einzulassen, immer wieder von Neuem, jeden Tag.

Ich habe einmal zu meinem Mann gesagt, dass unsere schlimmsten Zeiten zu zweit schöner sind als meine besten Zeiten, als ich noch alleine war. Geteiltes Leid ist eben halbes Leid. Und geteiltes Glück ist doppelt so schön!

Wenn Sie den richtigen Partner gefunden haben, wird es sich so anfühlen wie Sonnenschein auf der Haut. Oder wie das Gefühl, an einem kalten Wintertag in einen warmen Mantel zu schlüpfen. Es wird nicht immer Schmetterlinge im Bauch geben und Sie werden nicht immer auf rosa Wolken durchs Leben schweben, doch dieses wohlige Gefühl von Wärme sollten Sie immer spüren, auch wenn Sie den kuscheligen Mantel in manchen Situationen gerne einfach in die Ecke schmeißen würde. Zu jeder Liebe gehören auch Enttäuschungen. Denn kein Mensch ist perfekt.

In meinen sieben Schlüsseln zum Glück habe ich Ihnen vom Lieben, Leiden und Lachen von mir und meinen Freundinnen erzählt. Alina, Sylvie und ich – jede von uns hat ihr Glück gefunden. Es gibt Tage, an denen wir lieben und lachen. Und auch in unseren Beziehungen gibt es Tage, an denen wir leiden. Aber eines vergessen wir nie: Wir glauben an die Liebe! Eine Liebe wie im Märchen.

Liebe kann manchmal weh tun und wir werden kämpfen müssen. Doch dieses wohlige, warme Gefühl wird uns trotzdem stark machen. Und die Liebe kann großmütig sein! *Die Liebe glaubt alles, hofft alles, sie duldet alles. Die Liebe hört niemals auf (Korinther 13, 4-8a).*

In sieben Schlüsseln zum Glück haben Sie erfahren, wie wir die Welt der Märchen in unser reales Alltagsleben integrieren können. Die Heldinnen im Märchen leben ihre Weiblichkeit und stehen gleichzeitig für starke und eindrucksvolle Frauenfiguren, die für ihr Glück kämpfen.

Von Märchen können wir also auch als Erwachsene viel lernen. Und wenn wir genau hinsehen, erkennen wir: Unser Leben hat mehr mit einem Märchen gemeinsam, als wir zunächst glauben sollten!

Ihre *Nicole Aigner*

Flirtschule

Tipps aus dem Seminar „Liebe wie im Märchen“

Von Imageberaterin Martina Thurn und Buchautorin Nicole Aigner

Gibt es eine Liebe wie im Märchen? Cinderella, Schneewittchen und Dornröschen waren die Heldinnen unserer Kindheit – doch wie viel Märchen hat unser Leben heute zu bieten? Wo ist unser Prinz? Und wie können wir auf dem schnellsten Weg unser ganz persönliches Happy End finden?

Nicole Aigner verrät die besten Tipps aus ihrem neuen Buch „Die Cinderella-Strategie. Die 7 Schlüssel zum Liebesglück“. Imageberaterin Martina Thurn präsentiert den wirkungsvollsten Flirt-Knigge.

Seminarinhalte:

- Sieben Schlüssel zum Glück
- Der perfekte Flirt
- Das perfekte Date
- Das perfekte Paar
- Liebe im Alltag
- Den Märchenprinzen an der Angel
- Happy ohne Ende

Die Suche nach dem Märchenprinzen beginnt immer bei uns selbst und natürlich auch beim richtigen Erscheinungsbild! So kann der perfekte Flirt klappen:

- Verlieben Sie sich zuerst in sich selbst. Wer sich selbst mag, wird auch andere faszinieren.
- Das perfekte Outfit ist entscheidend. Wer mit seinem Äußeren zufrieden ist, strahlt auch nach außen.
- Machen Sie sich chic. Auch im Märchen legen die Heldinnen viel Wert auf den perfekten Auftritt. Achten Sie dabei auch auf Details.
- Wer flirten möchte, muss auffallen. Achten Sie auf leuchtende, dynamische Farben in Ihrer Garderobe. Rot, Orange und Pink sind ein Zeichen für eine starke Persönlichkeit, die offen durchs Leben geht. Wer gerne Schwarz trägt, sollte dazu bunte Eyecatcher als Accessoire verwenden. Vermeiden Sie Pastelltöne.
- Achten Sie auf Ihre Körpersprache und Mimik. Verschränkte Arme wirken abweisend.
- Strahlen Sie. Wenn Ihnen ein Mann gefällt, dann lächeln Sie ihn an.
- Konzentrieren Sie sich auf den nonverbalen Flirt. Augenkontakt ist viel wichtiger als der perfekte Anmachspruch.

Infos & Anmeldung zum Seminar „Liebe wie im Märchen“: www.nicoleaigner.com, www.image-consulting.at

Danksagung

Mein Dank gilt allen meinen Freundinnen, die durch ihre Erlebnisse und Erzählungen dieses Buch erst möglich gemacht haben. Danke auch für alle gemeinsamen Stunden, Tage, Wochen, Monate, Jahre. Danke für gemeinsames Lachen, Leben und auch Weinen. Danke für eure Freundschaft!

Danke an meinen Mann, der mich auch bei meinem neuen Buchprojekt wieder voll unterstützt hat. Und ein Danke auch an meine Kinder Lili und Benjamin. Ihr seid die wunderbarsten Kinder der Welt. Mit euch scheint für mich jeden Tag die Sonne!

Danke auch an das gesamte Team des Goldegg Verlags, insbesondere an die Verlagsleiterin Verena Minoggio und meine Lektorin Maria Schlager, die mit ihren hilfreichen Anregungen das Beste aus diesem Buch herausgeholt haben!

Danke an alle Prinzessinnen dieser Welt!

Verwendete Literatur

Fasch/Kail, Zwischen Beziehungswunsch und Wunschbeziehung, Wien 2008

Fromm Erich, Die Kunst des Liebens, Berlin 2005

Gebrüder Grimm und Hans Christian Anderson, Mein wunderbarer Märchenschatz, Köln 1999

Horeth Manuel, Wir sind alle Mentalisten, Wien 2010

Jellouschek/Kast/Wöller, Liebe und Glück im Märchen, Freiburg 2009

Morin Jack, Erotische Intelligenz, München 1999

Precht Richard David, Liebe: Ein unordentliches Gefühl, München 2009

Schache Ruediger, Das Geheimnis des Herzmagneten, München 2008

Unterdorfer/Deutinger/Langer/Richter/Wimmer-Puchinger, Wahnsinnig schön. Schönheit, Jugendwahn und Körperkult, Wien 2009

Zurhorst Eva Maria, Liebe dich selbst und es ist egal, wen du heiratest, München 2004